Conquérir
sa liberté intérieure

Titre original : TU DIR DOCH NICHT SELBER WEH

Imprimé en France *Printed in France*
ISBN 2-7082-3522-2

Anselm GRÜN

Conquérir sa liberté intérieure

Traduit de l'allemand par Bernard Courteille

LES EDITIONS DE L'ATELIER

Les Editions Ouvrières
12 avenue Sœur Rosalie
75013 Paris

Introduction

La liberté intérieure de l'être humain

Ces derniers temps, je me suis particulièrement intéressé à la question de la liberté. Les mots de la Bible à propos du Christ qui nous a libérés (Galates 5, 1), ont pris pour moi une signification nouvelle. Cette question était centrale dans la philosophie grecque et comme instinctivement inhérente à l'idée même d'existence. C'est pourquoi les écrits du Nouveau Testament faisant état de la liberté qui nous vient du Christ sont aussi une réponse à l'aspiration grecque. Les auteurs néotestamentaires se réfèrent à ces concepts de liberté développés dans la philosophie stoïcienne. Revenant à cette philosophie, je me suis arrêté sur cette phrase d'Épictète : on ne peut être blessé que par soi-même. Et à mon grand étonnement, j'ai découvert qu'elle était continuellement citée par les Pères de l'Église. Chez Jean Chrysostome on trouve même un texte intitulé : « Personne ne peut être blessé sinon par lui-même » (*Quod qui seipsum non lae-*

dit, nemo laedere possit = PG[1] 52, 459-480). Lisant ce texte, j'ai été surpris de voir comment ce Père de l'Église faisait référence à la Bible et avec quelles citations il choisissait d'en étayer sa thèse, tirée d'Épictète. Malheureusement ce document n'existe pas en allemand. Je l'ai trouvé uniquement en grec et en latin dans l'édition de Migne datée de 1770.

L'écrit provocant de Jean Chrysostome

L'essai de l'évêque de Constantinople, qui date certainement des années 400, m'a tellement fasciné que, pour mon plaisir personnel, j'en ai traduit les principaux passages. Et, ces derniers temps, j'ai utilisé plus fréquemment cette phrase provocante dans l'accompagnement spirituel qu'on me demandait et dans les travaux de groupe que j'avais à conduire. Les réactions ont été très diverses. Dans un premier temps, j'ai rencontré le plus souvent une résistance. Le concept était considéré comme trop simpliste. Il y a, disait-on, tant de souffrances qui nous viennent de l'extérieur et que nous ne pouvons absolument pas éviter. D'autres pensaient que, s'il en était ainsi, je leur ferais alors porter la responsabilité de tout ce qui n'allait pas chez eux. Mais, passée la première exaspération, beaucoup ont commencé à se dire qu'il pouvait y avoir quelque chose de vrai dans cette affirmation. Se référant à leurs propres souffrances, ils se ren-

1. *Patrologia graeca* (Patrologie grecque).

daient compte qu'effectivement celles-ci venaient en partie d'eux-mêmes. Une femme me disait qu'elle pourrait, à partir de sa propre expérience, écrire tout un roman sur cette question. C'était même son problème permanent.

Il est toujours déplaisant qu'une sentence apparaisse comme une loi absolue. C'est pourquoi je voudrais dire tout de suite que cette opinion de saint Jean Chrysostome n'est pas applicable dans toutes les circonstances. Nous ne pouvions pas, par exemple, éviter les blessures qui nous ont été faites alors que nous étions enfants. Nous n'avions alors aucune possibilité de nous y soustraire. Par contre, c'est moi qui choisis de me les remémorer sans cesse et, donc, de souffrir de nouveau ou au contraire de faire la paix avec elles et de m'en libérer. Bien sûr, le temps nécessaire pour se détacher de ses vieilles blessures dépend de chacun. Dans la thérapie, il est même souvent important de revivre consciemment ses anciennes épreuves et de laisser s'épancher la douleur éprouvée autrefois mais qu'on a voulu trop vite effacer. C'est alors seulement qu'elle pourra être éloignée. Mais aujourd'hui on constate aussi la tendance à cultiver ses blessures. Le philosophe français Pascal Bruckner a décrit ce penchant d'une plume avertie dans son pamphlet *Je souffre donc je suis.*

Contre cette tendance, aujourd'hui largement répandue, à « prendre la place convoitée qui est celle de la victime » (Bruckner 145), Chrysostome émet une thèse radicalement opposée, à savoir « qu'aucune victime n'est victime d'un tiers, mais que chacun connaît le sort qu'il s'est lui-même attribué » (RAC[2] 647). En lisant chez Brückner à quel excès peut conduire l'idéologie de la victime, on comprend que la thèse de l'évêque du IVe siècle fait l'effet d'une bombe. Si aujourd'hui, par exemple, une femme atteinte d'un cancer au poumon parce qu'elle a trop fumé intente une action en justice contre les producteurs de tabac, les accusant d'une mauvaise information par rapport aux dangers qu'il présente et gagne son procès ; si une autre femme met son chien à sécher dans le four micro-onde et qu'il lui soit donné raison dans le procès intenté contre l'usine de fabrication, alors on comprend jusqu'où peut aller l'idéologie de la victime. Se considérer comme victime signifie se déclarer exempt de faute et attribuer celle-ci à quelqu'un d'autre. Face à cette idéologie, il vaut la peine au moins de réfléchir sur l'affirmation de Chrysostome, sans qu'il s'agisse pour autant d'en faire une contre-idéologie. En effet, ce ne sont pas les idéologies qui aident à aller de l'avant. Il s'agit, par contre, de prendre au sérieux la personne concernée, dans ce qui fait son histoire concrète et de l'aider, avec sa vie et aussi ses souffrances, à réfléchir d'une façon aussi créative que possible.

Une analyse approfondie de la thèse stoïcienne, selon laquelle c'est nous qui nous blessons peut au moins remettre en question cette idéologie de la souffrance, selon laquelle il faudrait toujours se sentir mal et tout serait désolation. Cette analyse devrait nous amener à réexaminer notre propre

2. *Reallexikon für Anticke und Christentum* (Dictionnaire de l'Antiquité et de la Chrétienté).

façon de voir. Bien sûr, la thèse ne doit pas nous conduire à nier ou à banaliser la vraie souffrance. Le respect pour la souffrance humaine est une attitude chrétienne. Ce qui est pour moi décisif dans cette thèse, c'est que l'évêque de Constantinople, et avec lui les Pères de l'Église, aient généralement considéré le chemin spirituel comme une méthode également thérapeutique, comme un itinéraire qui nous amène à analyser avec maturité nos blessures et notre histoire. L'objectif de ce cheminement spirituel est la guérison et la libération de l'homme. Le Christ est l'homme libre, dont le destin n'est pas déterminé par la souffrance qui s'abat sur lui de l'extérieur ou par le monde, mais par Dieu. Celui qui est marqué par Dieu, qui est né de Dieu, celui-là est vraiment libre. Voilà le message fondamental de la Bible et ce qu'ont expérimenté les premiers chrétiens. C'est à cette expérience de liberté intérieure que cet ouvrage se propose de conduire.

La voie mystique comme voie de liberté

Pour l'Église des origines, le chemin d'une expérience progressive de Dieu est aussi celui d'une liberté toujours plus grande. Pour moi, la voie mystique est l'authentique chemin vers la liberté. Pour cette raison, je voudrais décrire dans ce livre certains aspects du parcours mystique selon le Nouveau Testament. Sur le chemin mystique, nous rencontrons d'abord notre propre vérité. Et c'est seulement la vérité qui nous rendra libres. Sur ce chemin, nous découvrons le schème dont nous sommes prisonniers, les manières de voir trompeuses qui falsifient la réalité et à cause desquelles nous nous faisons souffrir. Plus nous faisons un avec Dieu, plus nous devenons libres. Nous aspirons tous à la liberté. La vraie liberté n'est pas l'affranchissement d'une domination extérieure, mais plutôt la liberté intérieure, la liberté face au pouvoir du monde, la liberté devant la puissance d'un autre, la liberté vis-à-vis des pressions internes et externes. Parce que pour moi la voie mystique y conduit, je voudrais présenter trois passages tirés des derniers livres du Nouveau Testament qui, à mon avis, en décrivent le chemin. Il s'agit de la Lettre à Tite puis de la Première et de la Seconde Lettre de Pierre. Pour beaucoup d'exégètes, ces textes tardifs ne représentent plus le vrai message de la Bible. Ils sont suspects, en particulier pour certains auteurs protestants. Ces derniers parlent d'un catholicisme primitif et déplorent que le message paulinien, qu'ils considèrent comme le noyau du Nouveau Testament, n'y soit plus conservé dans sa radicalité. Mais, au cours de ces dernières années, j'ai ouvert les yeux et mieux compris combien ces écrits sont importants pour le dialogue en cours avec les autres religions et pour une confrontation avec d'autres parcours spirituels. En effet, ici, on a cherché à traduire le message de Jésus en tenant compte du génie du monde hellénique. Le milieu grec était imprégné de la philosophie grecque, de la gnose, un mouvement très répandu dans un monde qui aspirait à l'illumination, marqué par les cultes à mystère qui avaient adopté certains éléments de la piété orientale. C'est ainsi que ces textes tardifs pourraient nous indiquer un chemin pour formuler dans un langage actuel et d'une façon nouvelle le message de Jésus, afin de pouvoir dialoguer avec la spiritualité orientale.

La psychologie transpersonnelle et la mystique

Au cours de ces trente dernières années, la psychologie transpersonnelle s'est particulièrement intéressée aux expériences orientales de méditation ainsi qu'aux aspects de la mystique chrétienne, dans laquelle elle a découvert un chemin thérapeutique. C'est pourquoi je voudrais développer le message chrétien de la liberté comme il est exprimé dans la prédication de Jean Chrysostome et dans les passages bibliques que j'ai cités, en le mettant en dialogue actif avec la psychologie transpersonnelle. Il doit être clair que la liberté constitue un aspect essentiel du message chrétien et que chaque chemin spirituel authentique conduit finalement à la liberté intérieure. Alors l'expérience de Dieu et celle de la liberté intérieure sont intrinsèquement liées.

I

Personne n'est blessé par un autre que lui

Le philosophe stoïcien Épictète

Épictète est né aux environs des années 50 à Hierapolis. Il était esclave et avait été tellement battu par son maître qu'il en était devenu boiteux. Il fut emmené à Rome en esclavage et mis au service d'Epaphrodite, un esclave libéré par Néron qui le traitait de façon inhumaine. Près de lui, Épictète a appris qu'une personne qui a été blessée a tendance à faire subir à d'autres les souffrances qu'elle a dû supporter. Comme esclave, Epaphrodite aurait dû être sensible au sort d'Épictète, mais c'est le contraire qui s'est produit. N'ayant pas assimilé ses propres souffrances, il les a transférées sur les autres. Nous sommes là en présence d'une loi fondamentale que l'actuelle psychologie ne cesse de décrire. Les blessures qui n'ont pas été « travaillées » nous condamnent à nous faire du mal ou à en faire aux autres. Si nous ne faisons pas souffrir les autres, c'est à nous-mêmes que nous allons infliger une souffrance, soit comme auto-punition ou auto-dévalorisation, parfois même comme auto-mutilation. Certaines maladies donnent l'impression d'être une sorte d'auto-punition : par elles, le refus expérimenté dans l'enfance se transforme en refus et en haine de soi. Ou bien nous recherchons inconsciemment les situations dans lesquelles se reproduisent les blessures de l'enfance. Nous avons des chefs coléreux et indignes d'estime qui nous blessent comme l'a fait le père autoritaire, brutal et capable de frapper sans raison lorsqu'il était sous l'emprise de l'alcool et devant qui il n'y avait aucune échappatoire possible. Il peut aussi arriver qu'un partenaire fasse subir à l'autre les brimades dont il a souffert dans son enfance de la part de son père ou de sa mère.

Le chemin vers la liberté intérieure

Épictète a assimilé ses blessures. De fait, toute sa philosophie tourne autour de cette question : comment l'être humain peut-il être libre en face des blessures qui lui sont infligées par les autres ? Il reconnaît que l'homme peut être libre à la condition qu'il le veuille. Cette liberté s'exprime avant tout dans le concept que nul ne peut nous blesser si nous n'y consentons pas. Une autre personne peut nous blesser uniquement si nous-mêmes nous nous blessons et nous faisons du mal. Chez Épictète, cette thèse revient continuellement. Elle est l'expression de la liberté intérieure, qui appartient à la nature humaine. L'être humain est libre intérieurement. S'il se laisse blesser par les autres, c'est de sa faute. Car quand un homme est totalement lui-même, quand il a trouvé son équilibre, il ne peut alors être blessé par personne, nul n'a pouvoir sur lui. Épictète revient sans cesse sur ce concept fondamental : « Personne ne peut faire du mal à autrui, mais chacun, à travers ses propres actions, se fait du mal ou du bien » (RAC 607). La liberté intérieure est exprimée dans la conclusion de son livre qui adopte la pensée de Socrate : « Pour ce qui me concerne, Anytos et Melitos peuvent me tuer, mais ils ne peuvent me causer préjudice » (607). Le philosophe stoïcien distingue entre les choses qui sont en notre pouvoir, qui nous appartiennent et font partie de nous et celles qui ne dépendent pas de nous.

Pour Épictète, l'ascèse consiste à « empêcher les choses extérieures de fouler le territoire sacré du Moi authentique. C'est pourquoi l'homme doit en premier lieu, au moyen du « connais-toi toi-même », découvrir et délimiter son être véritable, son AUTOS » (RAC 608). Le chemin qui mène à ce moi intérieur passe d'abord, selon Épictète, à travers l'examen de notre perception de la réalité. Une voie importante conduit à la liberté intérieure : elle consiste à se faire une juste représentation (*dogmata*) des choses, qui souvent sont différentes des idées qui orientent nos actions et les faussent ainsi que des représentations considérées comme valables dans notre milieu. Épictète écrit : « Les hommes ne sont pas déconcertés par les événements, mais par l'idée qu'ils s'en font » (RAC 609). Ce n'est pas la mort qui est terrible, mais la représentation que nous nous en faisons. Ce n'est pas le vase brisé qui nous blesse, mais le fait que nous considérions ce vase comme indispensable, que nous y tenons de tout notre coeur, qu'il est lié à notre identité. Ce n'est pas la perte d'une somme d'argent qui nous fait mal, mais le concept que nous nous sommes fait de l'argent, l'idée ancrée en nous que nous en avons absolument besoin et que sans lui nous ne pourrons pas vivre.

Si l'homme se fait une juste représentation des choses, il ne souffrira plus à cause de la matière, mais seulement à cause de Dieu. D'où l'importance, pour Épictète, de la *prohairesis,* ce qui signifie littéralement préférence, choix, libre volonté, dogme. Épictète la décrit comme « la capacité fondamentale et essentielle rendant la nature humaine capable d'un agir moral. Elle examine les représentations de l'intellect ou *dogmata,* elle décide de notre mode d'agir en face des représentations qui tiennent de la fantaisie, elle représente le noyau de la personnalité » (RAC 606). On pourrait dire aussi que la *prohairesis* est le vrai Soi-même, le coeur le plus intime de la personne ou encore la conscience, l'instance intérieure qui juge tout. Celui qui se laisse guider par son vrai Soi « n'ambitionne rien de ce qui n'est pas en son pouvoir, ne craint rien ». Il « a fait de son Moi une forteresse inaccessible et inexpugnable ou règnent la liberté, *l'atharaxia* (la tranquillité), *l'apatheia* (l'impassibilité), *l'eustatheia* (la fermeté, le calme), *l'euroia* (la félicité, littéralement un riche courant), en un mot la béatitude. À travers la conquête de son moi et par le moyen de la connaissance, l'être humain devient semblable à Dieu » (RAC 609). Ici émerge donc une conception semblable à celle de C.G. Jung pour qui la personne atteint son vrai Soi quand elle s'ouvre à l'image de Dieu. Dieu habite l'intimité de l'être humain. Et quand Dieu habite en l'homme, celui-ci atteint son vrai Soi.

Le second pas de l'ascèse consiste à mettre des limites aux représentations que nous découvrons en nous-mêmes et à dominer les réactions que suscitent ces représentations. Épictète connaît trois niveaux de réactions face aux représentations de l'esprit : *l'orexis* (la demande, la quête), *l'horme* (le mouvement intense, le désir) et la *sygkatathesis* (l'assentiment). L'homme peut évaluer consciemment ses réactions par rapport aux choses, s'il se demande à propos de tout quelle est la relation avec l'homme intérieur. La question suivante l'y aide : *Ti pros eme* : En quoi cela me regarde-t-il ? Qu'est-ce que cela me dit ? Qu'ai-je à faire de cela ? Comprenant ainsi l'ascèse, Épictète a indiqué un chemin à l'humanité : celui qui consiste à se libérer de la puissance de la réalité extérieure pour faire l'expérience de la réalité intérieure comme partie essentielle de la dignité humaine.

L'attitude envers Dieu

L'expérience de la liberté intérieure détermine aussi notre conduite envers les autres et envers Dieu. Dans ses relations à l'autre, l'homme a besoin de trois vertus : la netteté ou la limpidité (*katharotes*), la fidélité (*pistis*) et surtout la pudeur (*aidos*).

Dans sa relation avec les autres, chacun doit découvrir et développer sa propre individualité : « Car, en vertu de la position qui lui a été attribuée dans le drame de ce monde, chacun ne devrait-il pas jouer un autre rôle ou accomplir une autre tâche sur le bateau de la vie ? » (RAC 610). Chaque individu est unique et doit trouver sa place (*taxis*), reconnaître le rôle que Dieu lui a assigné dans le drame de ce monde. Épictète parle d'un appel de Dieu auquel l'homme doit obéir. Ce peut être même un appel au célibat au profit d'une mission plus importante : « Dans la situation actuelle, le niais, comme s'il se trouvait sur un champ de bataille, ne peut s'éloigner pour aucun motif de ce service, aussi petit soit-il. Il doit pouvoir être en relation avec les autres pour continuer à être le messager de Dieu » (RAC 610f). Épictète insiste sur l'attention à porter aux personnes comme étant l'appel essentiel. La raison de ce souci pour les autres tient dans notre commune origine divine. Personne ne peut être exclu de cette attention, pas même l'esclave. Épictète dit ceci : « Ne veux-tu pas supporter ton frère qui a Zeus pour père, qui est né comme toi, fils de la même semence et a la même origine divine ? » (611).

Ce qui est déterminant pour vivre vraiment est le rapport avec Dieu. Il ressort clairement des écrits d'Épictète que ce philosophe a une relation personnelle avec Dieu et que sa piété est proche de la mystique chrétienne ; il dit et redit, en effet, que Dieu est en nous : « Tu es un fragment de Dieu. Tu portes en toi une partie de ce Dieu... Ne veux-tu pas te souvenir de qui tu es, quand tu manges, toi qui manges et te nourris. Malheureux, tu portes Dieu partout avec toi et ne le sais pas. Crois-tu que je parle d'un Dieu extérieur, fait d'or et d'argent ? Tu le portes en toi et ne te rends pas compte que tu le salis avec tes pensées déloyales et tes actions impures ? Devant une image de Dieu, tu n'oserais pas en vérité accomplir l'une quelconque de ces actions. Par contre, devant Dieu lui-même qui en ce moment est en toi, qui voit tout et entend tout, tu ne rougirais pas d'avoir ces pensées et d'accomplir ces actions, toi, homme, qui n'est pas conscient de ta propre nature » (611f). Puisque nous portons Dieu en nous, toute notre aspiration doit aller vers une conformité avec lui. L'harmonie se rencontre dans la nature. La vie selon la nature convient à l'homme.

Mais cette concordance a comme fin ultime la volonté de Dieu et signifie que nous devons toujours vouloir ce que Dieu attend de nous. « Comme Dieu le veut » est une devise que l'on rencontre fréquemment chez Épictète. Cette concordance ou harmonisation avec la volonté de Dieu rend l'homme véritablement libre et lui donne sa dignité : « Je suis libre et ami de Dieu et en cela je lui obéis de gaieté de coeur. Je ne puis désirer rien d'autre, que ce soit le corps, le pouvoir, la force ou la beauté, rien de rien. Car il ne veut pas que j'aspire à tout cela » (613). À un autre endroit, Épictète dit : « Finalement, redresse la tête, comme un homme qui est libéré de l'esclavage ; ose lever les yeux vers Dieu et n'aie pas peur de lui dire : à partir de maintenant, agis avec moi comme il te plaît : mes pensées t'appartiennent. Je t'appartiens. Je ne refuse rien de ce qui te semble bon ;

conduis-moi où tu le veux ; revêts-moi de l'habit qui te plaît » (613).

L'homme comme témoin de Dieu

De telles expressions de soumission à la volonté de Dieu permettent de comprendre pourquoi les Pères de l'Église ont si souvent utilisé, dans l'interprétation de la Bible, des pensées d'Épictète. Ils ne voulaient pas, comme chrétiens, rester en arrière-plan dans leur réflexion sur l'identification de l'homme avec Dieu et sa volonté. L'homme a comme vocation d'être un témoin de Dieu au coeur de ce monde, un envoyé, un apôtre « qui, à travers son action pour l'existence témoigne de la justice et de la bonté de Dieu » (614). L'état d'âme fondamental du témoin de la bonté de Dieu est la reconnaissance. Épictète rend grâce à Dieu pour tout : « Quand nous bêchons, quand nous labourons, quand nous mangeons ne devrions-nous pas chanter la louange de Dieu : Dieu est grand, car il a mis à notre disposition les outils qui nous permettent de travailler la terre ; Dieu est grand, parce qu'il nous a donné des mains, une gorge, un ventre ; vous devriez chanter tout cela en toute occasion et de plus entonner en l'honneur de Dieu le plus festif et le plus divin des hymnes pour le remercier de la faculté dont il nous a gratifiés : celle de comprendre les choses et de les utiliser de façon méthodique » (614).

Le sens de la reconnaissance apparaît surtout dans l'attitude d'Épictète face à la mort. L'homme est essentiellement quelqu'un qui se prépare à un voyage. Il ne peut décider lui-même de la durée de son séjour à l'auberge. Au moment de mourir, Épictète parle ainsi à Dieu : « Puisque tu m'as engendré, je te remercie pour tout ce que tu m'as donné. Le temps que tu m'as accordé pour jouir de tes biens me suffit. » Et ailleurs : « Je suis prêt... Maintenant, tu veux que je quitte la grande fête (*panegyris*) ; je m'en vais. Je te remercie infiniment de ce que tu m'as laissé participer avec toi à la grande fête (*sympanegysirai soi*), voir tes oeuvres, et parce que tu m'as intégré dans ton ordre. » (615s). Ces mots sont l'expression d'un grand amour pour Dieu. Ce n'est pas le destin impersonnel du stoïcisme que prie Épictète, après lequel il soupire et qu'il remercie pour tout ce qu'il lui a permis de vivre, mais un Dieu personnel.

Épictète est mort entre 125 et 130. Lui-même n'a laissé aucun écrit mais son disciple Arianos a recueilli ses entretiens qui font l'objet de quatre volumes et il a eu une très forte influence sur les premiers Pères de l'Église. Justin, Clément d'Alexandrie, Basile et Jean Chrysostome le citent et cherchent à harmoniser ses pensées avec le message biblique. Ils découvrent dans la Bible des indications analogues pour se rendre intérieurement libres face au pouvoir des autres ou à celui du monde. Pour eux, c'est le Christ qui est le véritable libérateur. C'est lui qui nous accorde cette liberté autour de laquelle tournoie la philosophie stoïcienne. Au cours des premiers siècles, la situation des chrétiens était de fait marquée par un manque de liberté extérieure. Ils étaient souvent rejetés par leur milieu, parce qu'ils n'adoptaient pas le style de vie de leur époque. Continuellement persécutés, ils trouvaient alors le courage dans la pensée d'être des fils et des filles de Dieu libres dans le Christ et d'appartenir à Dieu et non aux puissants de ce monde. Tout cela leur donnait la confiance nécessaire pour pouvoir vivre dans la liberté intérieure, malgré la pénible situation extérieure. Dans la foi, ils se sentaient libérés de l'esclavage de ce monde et transplantés dans l'univers de Dieu où ils faisaient l'expérience de leur authentique dignité chrétienne.

Épictète et la psychologie transpersonnelle

Il est étonnant de voir comment Épictète a devancé de nombreux concepts de la psychologie transpersonnelle. Il parle en effet du Je authentique, intangible pour les choses. La psychologie transpersonnelle parlerait ici du Moi spirituel, de la patrie intérieure où les problèmes du monde n'ont pas leur entrée. Pour la psychologie transpersonnelle, la voie d'accès au Moi intérieur passe par le chemin de la dis-identification ou différenciation. J'observe mes sentiments et remarque comment ils se forment en moi. Puis je reviens à mon Moi et me dis : je perçois ma colère, mais je ne suis pas ma colère. Il y a en moi un domaine qui n'est pas touché par ma colère. Cette sphère intime est l'observateur inobservé, le témoin intérieur qui perçoit mes sentiments, mais qui ne s'identifie pas avec eux et qui n'est pas concerné par eux. Pour Épictète, le chemin pour atteindre ce moi intérieur passe à travers la question : « En quoi cela me concerne-t-il ? En suis-je affecté profondément ? » La distinction entre les choses qui sont en mon pouvoir et celles qui ne le sont pas doit me conduire au domaine intérieur du vrai Moi sur lequel les choses n'ont aucun pouvoir. Ce qui ne dépend pas de moi, comme la fortune, la santé, l'approbation n'a aucun pouvoir sur moi si je ne lui en donne pas. Et ceci dépend de la façon dont je perçois les choses, de mon interprétation de la réalité.

Épictète et la théorie de la communication

Épictète prend également de l'avance sur le jugement de la psychologie moderne qui considère que nos idées sur les choses déterminent notre connaissance. Nous ne voyons pas la réalité de façon objective, mais toujours à travers des lunettes particulières. Nous projetons souvent nos attentes inconscientes ou nos craintes dans des choses. C'est ainsi que nous voyons les personnes qui nous entourent à travers les lunettes de notre projection. Nous projetons sur eux nos défauts et interprétons de manière erronée leur façon d'agir. Watzlawick a raconté cela d'une façon très humoristique, avec l'exemple de la hache : un homme ne trouve plus sa hache. Il se met alors à suspecter son voisin de la lui avoir volée et, durant des jours et des jours, il le regarde avec les lunettes du soupçon. En lui grandit le sentiment d'avoir pour voisin un voleur de hache et il trouve dans le comportement de celui-ci de nombreuses confirmations de ses doutes. Pour en finir, il court chez son voisin, sonne à sa porte et lui crie : « Mais garde-la donc ta maudite hache ». (Watzlawick 1985).

Watzlawick a analysé dans de nombreuses publications la façon dont nos représentations mentales font naître assez souvent la réalité. Nous ne nous contentons pas de la saisir à travers les verres colorés des lunettes de nos projections, mais nous arrivons même à la créer par notre façon de voir. Watzlawick retient comme exemple la rumeur qui circulait à Orléans en 1969 et qui fut véhiculée par toute la presse française. On disait que dans des magasins d'habillement et cabines d'essayages des femmes, victimes de violence, étaient chloroformées et disparaissaient par des passages souterrains. Ainsi vingt-huit femmes auraient déjà disparues. Cette rumeur avait un caractère antisémite. Quand finalement on a ouvert une enquête, on a constaté que ces bruits étaient absolument sans fondement. « La rumeur d'Orléans démontre une fois de plus que des faits ne sont pas forcément nécessaires pour forger une réalité et l'interpréter ; des préjugés bien ancrés peuvent fournir leurs propres « preuves de la réalité », surtout lorsqu'ils sont partagés par beaucoup » (Watzlawick 1976, 87). Les ragots fabriquent une réalité qu'il n'est plus possible de nier. Il en restera toujours quelque chose. Si l'on répand à travers le monde le bruit que tel prêtre a des enfants, celui-ci ne pourra plus être vu sans préjugé comme avant, même si la rumeur est sans fondement.

Nombreux sont ceux qui suivent des illusions et des rumeurs. Ils prennent pour réalité des représentations qui leur viennent des autres ou qui émergent de leur inconscient et auxquelles ils se sont fiés. Nous nous faisons une image de quelqu'un et la pensée ne nous vient même pas que cette personne n'a rien à voir avec le produit de notre imagination. Nous voyons l'autre d'après l'idée que nous nous faisons de lui. Si nous le portons au ciel, nous trouvons alors que ses actions les plus stupides sont merveilleuses, exceptionnelles, extraordinaires. Si, au contraire, nous le regardons avec les lunettes de notre colère ou de notre déception, il sera alors antipathique, écoeurant, faible, intriguant, hypocrite, etc. Il en résulte que pour vivre en ce monde de façon juste, il est important de soumettre à examen nos représentations (*dogmata*) et nos projections et de nous faire une idée des choses et des personnes à la lumière de Dieu. C'est alors seulement que nous serons justes envers elles et les traiterons avec une authentique liberté. Alors les choses ne nous blesseront plus, car elles-mêmes n'ont pas envers nous d'aversion, comme nous le pensons souvent. C'est ainsi que raisonne celui qui souffre de la maladie de persécution : il est convaincu que tous conjurent contre lui, alors que personne ne lui prête attention. Pascal Bruckner a recueilli suffisamment d'exemples concernant cette théorie de la persécution autour de laquelle des personnes créent leur propre vérité, parce qu'elles refusent de se mettre face à la réalité et veulent s'en tenir à l'idéologie de la victime.

Liberté et conscience des frontières

La liberté consiste en ceci : savoir où sont nos frontières, faire clairement la différence entre ce qu'est un autre et ce que nous sommes. Cette liberté, Jésus l'a soulignée par exemple dans la scène de Marc 3, 1-6. Dans cet événement, Jésus ne laisse pas ses adversaires pharisiens l'empêcher d'accomplir son oeuvre de libération et de guérison. Il place au centre l'homme à la main desséchée et provoque les pharisiens en leur demandant : « Qu'est-il permis de faire le jour du sabbat : le bien ou le mal, sauver une vie ou la supprimer ? » (Marc 3, 4). Ils doivent donner leur opinion. Quand ils la formuleront, il apparaîtra clairement que leurs idées sur Dieu et sur les hommes sont erronées et blessantes pour ces derniers. Jésus va même jusqu'à penser que leur façon de voir tue l'homme. Si je considère l'homme comme esclave de la loi, si je fais de la loi un absolu, finalement j'agis mal, car je tue l'homme, je ne lui donne aucune chance de vivre. Mais les pharisiens se taisent. Ils n'ont pas le courage d'exprimer leur point de vue inhumain. Le faisant, ils se trahiraient. Par contre en se taisant, ils veulent mettre Jésus dans l'insécurité. Mais Jésus agit en maître. Leur silence ne le fait pas céder à la pression qu'ils exercent sur lui d'avoir à se justifier. « Rempli de colère et de tristesse », il promène son regard sur chacun des pharisiens, les fixant l'un après l'autre. L'indignation crée de la distance entre Jésus et les autres et lui laisse la liberté d'agir. Dans sa colère, il marque la différence qui existe entre lui et les autres : « Voici où tu es avec ton problème, avec ta dureté de coeur, avec ta rigidité, ta peur, ton étroitesse. Et voici où je suis, moi qui ai le sentiment de recevoir de Dieu la mission de guérir cet homme. » Jésus peut agir en toute liberté parce qu'il trace clairement la frontière entre lui et les pharisiens et ne fait pas sien leur problème. Il appartient aussi à cette liberté de distinguer entre la personne et ses questions. Jésus s'oppose à la dureté des pharisiens, mais il les considère comme des hommes. Cela s'exprime dans le fait qu'il éprouve envers eux un sentiment de tristesse, en grec *syllypoumenos*, expression qui signifie « souffrir avec, sentir avec ». Jésus ne rompt pas sa relation avec ces personnes. Il se sent lié à elles. Il est triste parce que ces hommes sont tellement sous l'emprise de leur dureté de coeur qu'ils ne sont plus libres, plus eux-mêmes. La maîtrise avec laquelle Jésus agit est signe de sa liberté intérieure. Il ne donne aux hommes aucun pouvoir sur lui, pas même à ceux qui, pour finir, veulent le faire mourir. (voir Marc 3, 6)

L'enseignement d'Épictète et ce que, à sa suite, les Pères de l'Église ont continué à professer s'adresse à nous aujourd'hui aussi bien qu'aux hommes d'autrefois. Aujourd'hui aussi, nous aspirons à la liberté intérieure. Comment pouvons-nous dans les adversités garder notre dignité d'homme ? Sommes-nous totalement dépendants du destin, de ce qui s'abat sur nous de l'extérieur ou bien ce qui nous arrive dépend-il pour une grosse part de nous-mêmes, de la façon dont nous le vivons intérieurement et le traitons ? Comment puis-je me sentir libre intérieurement dans une société qui me mesure à mon seul rendement ? Dois-je descendre du train de cette société ou me sentir intérieurement libre dans ma profession, libre par rapport aux critères avec lesquels les autres me mesurent ? J'entends souvent des personnes se plaindre de ce que, dans cette société de rendement, elles ne peuvent pas vivre comme elles le désireraient. Mais quand je leur pose des questions plus précises, il apparaît de façon évidente que ces mêmes personnes ont adopté les critères de valeur de cette société. Elles voudraient, c'est vrai, être libres, mais elles désireraient en même temps améliorer leur position, gagner assez d'argent et jouir de l'approbation d'autrui. Bien entendu, elles ne peuvent revendiquer pour elles n'importe quelle liberté. Un père chargé de famille a besoin du salaire que lui donne l'usine et cependant il est important de ne pas laisser les besoins financiers nous ravir notre liberté intérieure.

Nous acquérons la liberté seulement si nous nous faisons une juste idée de ce que doit être la vie. Si cela ne m'intéresse pas de faire carrière ou de gagner beaucoup, alors je serai libre intérieurement. Je pourrai lutter contre les structures injustes de mon entreprise, je pourrai aussi prendre le risque de nager à contre-courant. Ceci parce que je trouve mon identité non pas à partir des réactions des chefs ou de l'approbation des autres, mais à partir de Dieu. Si je me sais enraciné en Dieu, je suis libre, car je ne serai pas sans cesse à l'affût de ce que les autres pensent de moi ou soucieux d'être bien accepté. Bien sûr, je dois aussi agir avec intelligence et être conscient de mes limites. Je ne peux lutter comme un Don Quichotte contre le monde entier. Je dois évaluer la part de liberté que je puis m'accorder, mesurer jusqu'où me porte cette certitude d'avoir en Dieu mon fondement. Mais habituellement celui qui, en toute liberté, ne s'engage pas dans la concurrence avec les autres, reste à la longue un homme debout dans le monde extérieur. En effet, on aura plus d'attention pour un homme libre que pour quelqu'un qui s'adapte en tout. Celui qui réplique à son chef légitimement sera respecté par ce dernier. Si au contraire le supérieur ne supporte pas ce comportement et licencie cette personne à cause d'une critique honnête et sincère, il ne mérite pas alors de continuer à être servi, ce qui serait cautionner son manque de liberté. C'est seulement dans la liberté que je fais l'expérience de ma dignité d'homme. M'adapter continuellement pour être bien vu des autres et pour atteindre des échelons plus élevés dans la carrière me prive de ma liberté ainsi que de ma dignité. Cela me déformera et me rendra malade physiquement et spirituellement.

Liberté et passion pour les hommes

Un aspect déterminant de l'expérience chrétienne a sans doute été insuffisamment pris en considération par Épictète. Il parle, c'est vrai, de la préoccupation à avoir pour les personnes, parce qu'en chacun on peut trouver une étincelle divine. Cependant l'aspect de l'amour qui peut se sacrifier pour les autres, comme Jésus nous en a donné l'exemple, a chez lui une place trop restreinte. C'est pourquoi les chrétiens des premiers siècles, tout en adoptant, certes, l'idée stoïcienne de la liberté, l'ont en même temps interprétée d'une façon nouvelle. Le Christ lui-même nous a libérés pour nous conduire à la liberté. Si nous regardons le sacrifice que Jésus a fait de lui-même sur la croix, nous nous libérerons de toute fermeture sur nous-mêmes et deviendrons libres de nous sacrifier par amour pour les autres. Qui aime est avant tout libéré de lui-même. Il n'est pourtant pas exempt des souffrances et des douleurs que peuvent lui infliger les personnes qu'il aime. En effet, l'amour rend précisément vulnérable. Il n'y a pas d'amour sans douleur. Mais les blessures dont je fais l'expérience dans le véritable amour n'ont rien à voir avec les blessures que l'on s'inflige soi-même. Bien plus, l'amour nous dévoile souvent de vieilles maladies, ce qui fait souffrir mais peut aussi guérir les blessures mises à jour.

La liberté chrétienne est une liberté qui conduit à l'amour, qui libère de toute rigidité et de tout enfermement sur soi et ses propres désirs. La liberté d'aimer requiert comme condition la liberté dont parle Épictète : la libération des fausses représentations que nous nous faisons du monde, la liberté des *pathos,* c'est-à-dire de l'esclavage des passions comme la colère, la tristesse, la peur et la jalousie. Aujourd'hui encore, comme chrétiens, nous pouvons apprendre d'Épictète comment nous libérer et des fausses représentations que nous nous faisons de la liberté et de la dépendance du monde qui s'exprime à travers les passions. Mais l'objectif de notre liberté est autre. Chez Épictète, elle a pour but la paix intérieure et l'imperturbable quiétude de l'âme (Schlier 491). Pris dans un sens absolu, cela peut conduire à tourner de façon narcissique autour de soi-même. Pour les chrétiens, le but de la liberté est l'amour qui peut se sacrifier et se laisser blesser par les hommes. Mais le but recherché n'est pas un amour qui nous tient sous pression, nous accable, nous donne mauvaise conscience quand il nous arrive parfois de refuser d'aimer. Il s'agit plutôt d'un amour qui nous laisse la liberté de nous consacrer au service d'une personne ou d'un groupe et de nous user dans cet engagement, tout en demeurant libres de nous limiter et de dire non, si nous estimons qu'il le faut.

Je connais des pasteurs qui se laissent écraser par leur amour. Ils se sentent obligés de répondre à chacune des demandes et des attentes des membres de leur communauté. Ils pensent ainsi suivre Jésus dans sa façon d'aimer. En réalité, dans leur amour, ils ne sont pas aussi libres que lui. Usant de sa liberté, Jésus s'est aussi éloigné des hommes pour être seul avec son Père. Il ne s'est jamais senti contraint de répondre à chaque sollicitation. On le voit bien dans la manière dont il réagit à la demande de la Syrophénicienne qui pensait pouvoir le toucher et voir sa demande exaucée. Notre amour vient souvent non pas d'une liberté intérieure, mais de la pression de devoir faire du bien à tout le monde et être bien vu de tous. Et cette pression se transforme souvent en migraine. Quand notre amour a sa source dans la liberté intérieure, nous n'éprouvons alors, normalement, aucun mal de tête. Le corps est un loyal indicateur qui nous éclaire sur l'authenticité de notre liberté ou nous informe que notre engagement est déterminé par des exigences extérieures, par le besoin d'être bien vus et reconnus ou par la peur de décevoir les autres et de perdre ainsi leur soutien. Si notre amour provient de nos propres besoins et de l'attente impérieuse des autres, nous allons alors nous blesser nous-mêmes. Ce sont les fausses idées que nous avons de notre ministère, et non ce ministère en soi, qui nous blessent.

L'écrit de Jean Chrysostome

Jean est né entre 344 et 354 dans une famille aristocrate d'Antioche. Il reçut une bonne formation près de Libanius, un célèbre orateur païen de cette époque. Baptisé à l'âge adulte, il vécut deux années comme moine, mais, à cause d'une santé précaire, il dut revenir à Antioche. Il y fut ordonné prêtre en 386 et, pendant douze ans, exerça le ministère de prédicateur à la cathédrale où il acquit bientôt une grande renommée grâce à ses sermons pleins d'enthousiasme. En 397, il fut consacré évêque de Constantinople et fut pris continuellement dans des disputes au niveau ecclésial et politique qui lui valurent l'exil à deux reprises. C'est d'ailleurs sur ce chemin de l'exil qu'il mourut en 407. Il fut considéré comme le plus grand prédicateur de l'Église grecque et c'est pour cette raison que lui fut donné, au VIe siècle, le surnom de Chrysostome (la bouche d'or). À côté de ses nombreuses prédications sur des textes bibliques, Chrysostome a laissé quelques traités. Celui dans lequel il écrit « que personne n'est blessé sinon par lui-même » (PG 52, 459-480) est regardé comme un écrit dont le but est d'apporter un certain réconfort.

Dans son traité, Chrysostome voudrait démontrer « qu'aucune victime n'est victime d'un autre mais souffre du sort qu'il s'est lui-même réservé ». Il fonde son argument sur le fait que l'on peut causer de dégâts à un autre quand on atteint le centre de son être, sa vertu. D'abord il donne comme exemple le fer attaqué par la rouille, le troupeau par le loup, la laine par les mites. Les gens ont tort de penser que la maladie, la pauvreté, la perte du pouvoir, la diffamation ou la mort peuvent blesser l'homme. La vraie force consiste à se faire une idée juste de ce qu'est l'existence et à s'y conformer loyalement. L'homme qui a une juste perception de la réalité ne peut subir aucun dégât venant de facteurs extérieurs. Jean dit littéralement : « Quelle est la force de l'homme ? Ce n'est pas l'argent, comme si tu devais craindre la pauvreté. Ce n'est pas la liberté, de sorte que tu devrais fuir l'esclavage : c'est le soin qui est mis pour acquérir une juste vision de ce qu'est la vie et la droiture pour se conduire en conséquence » (465, au milieu). Il donne alors comme exemple Job, à qui on avait volé tous les biens, qui était frappé par la maladie et qui sortit tonifié et justifié de cette situation d'indigence. Les calamités extérieures ne purent lui causer préjudice, car sa foi en Dieu lui permettait d'avoir une idée exacte de la vérité des choses et lui donnait d'attribuer aux biens extérieurs leur juste importance. Il acquit ainsi non seulement une plus grande célébrité en raison de ses vertus mais aussi une plus grande liberté (*parresia*), et c'est plus fort qu'il sortit de la bataille.

Comme autre exemple, mais en sens inverse, Chrysostome prend alors Adam, que Dieu aurait soi-disant blessé en le chassant du Paradis. Ce n'est pas Dieu qui l'a blessé, mais bien sa propre étourderie, son manque de tempérance et de vigilance. Job, qui a perdu tant de biens, n'a subi aucun dommage. Adam aussi aurait pu ne pas en éprouver s'il ne s'était pas lui-même fait mal à cause de sa légèreté et sa lâcheté. Puis il renvoie aux apôtres à qui la faim, la soif et la nudité n'ont pas porté préjudice. Ce sont précisément l'indigence dans laquelle ils se sont trouvés et les difficultés qu'ils ont rencontrées qui les ont rendus célèbres et leur ont permis de faire, dans une plus large mesure, l'expérience de l'aide de Dieu. Lazare non plus n'a pas été désarçonné par sa maladie et sa pauvreté, mais c'est justement à travers elles qu'il a remporté la couronne de sa vie. Ce fut la même chose pour Joseph, l'Egyptien : ni la haine de son frère, ni la calomnie de la femme de Potifar, ni la prison, ni encore l'exil n'ont pu lui nuire. C'est alors que Chrysostome donne ce conseil : « Tu as perdu tes biens. Eh bien ! je te dis : Nu je suis sorti du sein de ma mère, nu aussi je retournerai à la terre » (Job 1, 21). Et il ajoute le mot de l'apôtre : « Nous n'avons rien apporté dans le monde et de même nous n'en pouvons rien emporter. (1 Timothée 6, 7). On parle mal de toi et on te couvre d'injures, alors souviens-toi de ces paroles : « Malheur à vous si tous les hommes disent du bien de vous ». (Luc 6, 26). Et : « Bienheureux êtes-vous si l'on vous insulte » (Matthieu 5, 11). Tu es condamné à l'exil ? Pense que tu n'as pas de patrie ici, mais que, si tu veux faire de la philosophie, tu dois te considérer comme étranger sur la terre entière. Es-tu atteint par une maladie grave ? Alors répète-toi la parole de l'apôtre : Si l'homme extérieur en nous s'en va en ruines, l'homme intérieur se renouvelle de jour en jour (2 Corinthiens 4, 16) (464 f).

Chrysostome tire de tous ces exemples la conclusion suivante : « Ainsi donc, si ni la perte du pouvoir, ni la diffamation ou les insultes, ni l'exil ou la maladie, ni la torture et pas même ce qui est considéré par tous comme le pire de tous les maux, la mort, ne peuvent causer de dommages à ceux qui les subissent, mais encore plus leur être utiles : comment - montre-le moi - quelqu'un peut-il être blessé, s'il ne peut l'être par de telles choses ? Je voudrais essayer de prouver le contraire : que la plupart de ceux qui sont blessés et éprouvent des malheurs se font du mal à eux-mêmes » (465 au milieu). Et là, l'orateur prend l'exemple de Caïn qui s'est lui-même en grande partie détruit, de la femme de Philippe qui a demandé la tête de Jean, des frères de Joseph. Tous ceux-ci se sont fait du mal en faisant du mal aux autres. Et il répète toujours le même refrain : « Qui est blessé ne l'est pas par un autre, mais par lui-même » (465 bas). Puis il en vient à parler de Paul qui a enduré tant de maux : la prison, la lapidation, les coups de verge, les persécutions, le naufrage, la faim et la soif. « Il ne s'en est pas lamenté, au contraire il s'en est même réjoui et vanté : je suis content des souffrances (Colossiens 1, 24) et : « Plus encore nous nous glorifions de nos tribulations. » (Romains 5, 3).

Puis Chrysostome en vient à traiter son sujet préféré : la richesse, qui fait plus de dégâts à l'âme qu'elle ne lui sert. Celui qui accumule la richesse retourne l'épée contre lui et se prépare des supplices insupportables (470). Puis Chrysostome appelle à lui de nouveau l'Ecriture sainte, qui décrit la vie de nombreux personnages depuis Adam jusqu'au Christ et démontre « que celui qui ne se blesse pas lui-même ne peut être blessé par aucun autre, même si le monde entier engage contre lui une guerre violente » (473). Pour montrer la justesse de sa thèse, à savoir que celui qui n'est pas blessé par lui-même ne peut l'être par aucun autre, il s'appuie sur l'exemple de la maison qui est construite l'une sur le rocher et l'autre sur le sable. Ni les averses, ni les déluges ne peuvent endommager la maison construite sur le rocher. Celui qui a construit sa maison intérieure sur le rocher qu'est le Christ ne peut être ébranlé par aucune offense. Par contre celui qui, par ignorance, légèreté et corruption, construit sa maison sur le sable, se meurtrit lui-même. Ce n'est pas la tempête qui est responsable de l'effondrement de la maison, mais sa propre négligence. Il s'est lui-même endommagé et blessé. Et, de nouveau, Chrysostome en conclut : « Celui qui ne se blesse pas lui-même sort renforcé de tout ce qu'il a à supporter indéfiniment. Mais celui qui se trahit souffre par lui-même (*automatoi*), il s'écroule sur lui-même et périt, même si personne n'est contre lui » (473 en bas).

Les trois enfants dans la fournaise dont il est question dans le Livre de Daniel sont une autre démonstration de ce que personne ne peut nous porter préjudice, si nous-mêmes ne le faisons. Ni la séparation de leurs parents, pas plus que la pauvreté ou la solitude ou encore l'éloignement des offrandes quotidiennes au Temple ou la privation du chant des psaumes ne purent leur nuire. Au contraire, cela leur a valu plus de gloire que s'ils avaient eu possession de tous ces biens dans leur patrie. (vgl 477). En terre étrangère, et même dans la fournaise où ils avaient été jetés, ils entonnaient le chant de louange à Dieu, que chante encore aujourd'hui le monde entier et qui continuera toujours à y retentir. C'est encore pour Chrysostome un exemple supplémentaire : « Celui qui ne se blesse pas lui-même ne peut subir de dommages de la part d'un autre. Je ne m'arrêterai jamais de répéter cette phrase » (477 en bas). Si ni la prison, ni la perte de sa patrie, ni le feu, ni la mort ne peuvent causer de dommages aux trois jeunes gens « qu'est-ce qui pourra blesser une personne sage et vigilante ? Rien, pas même si elle a le monde entier pour adversaire. Car Dieu se tenait près d'eux et les a soustraits aux flammes. Fais donc de ces paroles ton trésor : si tu présentes à Dieu tout ce qui est exigé de toi, tu feras en tout l'expérience de son aide » (478, au début). Jean s'émerveille non pas de ce que les trois jeunes gens ont vaincu les flammes, mais de ce qu'ils ont rendu témoignage à la vérité et qu'ils ont gardé une juste idée des choses, raison pour laquelle ils furent jetés dans le feu. C'est pourquoi ils ont déjà reçu la couronne à cause de leur conviction, avant qu'on ne les jette dans le feu. Avec une grande confiance et une immense liberté, ils avaient dit au roi : « Point n'est besoin pour nous de te donner réponse à ce sujet : si notre Dieu, celui que nous servons, est capable de nous délivrer de la fournaise de feu ardent, et de ta main, ô roi, il nous délivrera ; et s'il ne le fait pas, sache ô roi, que nous ne servirons pas ton dieu, ni n'adorerons la statue d'or que tu as élevée » (Daniel 3, 16-18).

Ces paroles les proclament déjà vainqueurs. Leur juste idée des choses les a libérés du pouvoir du feu. Ayant en plan le destin des trois jeunes gens, Chrysostome interroge le lecteur : « Qu'en dis-tu ? Tu es emmené en exil et chassé de ta patrie ? Regarde, eux aussi ils le furent. Tu as subi l'emprisonnement et t'es trouvé sous la tyrannie des barbares ? Chez eux aussi tu trouves la même destinée. Tu n'as personne qui te vienne en aide, qui s'occupe de tes affaires, qui te reprend ou te conseille ? Eux aussi ont été privés de cette assistance. Tu es dans les chaînes ? Tu vas être brûlé ? Tu es mort ? Tu ne peux rien trouver de pire que tout cela. Regarde donc : eux aussi sont passés à travers ces tortures et en sont sortis avec une renommée encore plus grande, plus resplendissants et ont gagné le prix céleste » (478, au milieu).

Puis l'orateur achève ainsi son traité : « Comme je l'ai déjà dit au début, c'est aussi de cette façon que je veux conclure mon discours : Quand quelqu'un subit un dommage ou est blessé, c'est lui-même qui se fait souffrir et non pas les autres, même si ceux qui le blessent et le traitent injustement sont nombreux. Car tous les habitants de la terre n'arriveront pas à atteindre celui qui est vigilant et attentif dans le Seigneur, si celui-ci ne se blesse pas lui-même. Demeurons donc vigilants et prudents en toute chose, supportons toutes les amertumes avec noblesse de coeur, afin de pouvoir obtenir les biens éternels et immortels, dans le Christ Jésus, Notre Seigneur, à qui soit la gloire et la puissance, maintenant et toujours et pour l'éternité. Amen » (480).

La foi comme chemin de liberté

Si nous voulons, dans notre situation, tirer profit de l'argumentation de Chrysostome à l'aspect un peu étrange pour notre mentalité, il me semble important de concevoir et de présenter la foi comme étant un chemin qui conduit à la liberté intérieure. Il ne s'agit pas d'abord d'une morale, de l'observation des commandements et des préceptes, mais d'un chemin de liberté. Il est étonnant de voir avec quelle liberté intérieure Chrysostome fonde ici l'enseignement philosophique sur des exemples tirés de la Bible et de noter comment - dirions-nous aujourd'hui - psychologie et théologie se rejoignent. Celui qui, comme les personnages de l'Ancien et du Nouveau Testament, croit en Dieu et trouve en lui son soutien, voit le monde d'une façon juste et a une perception exacte de la réalité. Et c'est ainsi qu'il cesse de se faire du mal. La foi apparaît ici non pas comme étant d'abord la croyance dans les enseignements de l'Église, mais bien comme la juste représentation (*dogma*) de la réalité. Elle sera ici décrite comme l'art d'une vie saine, comme le génie de se vouloir du bien et de vivre en harmonie avec soi-même. Celui qui voit avec justesse la réalité, qui réussit à bien ordonner les choses par rapport à lui-même et à avoir avec elles une relation juste, celui-là ne se fera plus jamais souffrir et les choses extérieures ne pourront plus lui nuire.

Dans ce discours, Chrysostome emprunte certains points de vue du philosophe stoïcien Épictète. Sans le nommer directement, il le cite en partie littéralement. Sans craindre le contact il emprunte donc les enseignements d'un philosophe païen et les retrouve dans les Ecritures sacrées. Cet art de mettre en dialogue la théologie avec la philosophie et la psychologie de son temps serait aussi pour nous un devoir important. Et Chrysostome pourrait nous aider à voir la foi non pas seulement comme quelque chose de purement spirituel, mais comme un style de vie concret, l'art d'une vie saine, le chemin de liberté que personne ne peut nous enlever, parce que Dieu nous en a fait cadeau. Plus nous croirons que Dieu est la raison et le soutien de notre vie, comme les personnages bibliques cités par l'évêque dans son discours, plus libres serons-nous face à ce que les autres nous proposent, plus libre sera notre rapport aux choses, plus libres deviendrons-nous devant la poussée qu'exerce sur nous la volonté de tout avoir et de tout atteindre. La foi en Dieu conduit avant tout à cette ultime liberté, avec laquelle toutes les autres ont à se mesurer : à la liberté en face de la mort, car elle non plus ne peut nous nuire. Si nous croyons, la mort deviendra alors pour nous une porte à travers laquelle nous passerons pour parvenir à la vraie vie et à la pleine liberté en Dieu.

Le problème du mal fait à soi-même

La question à laquelle s'intéresse Chrysostome est sans aucun doute une question que nous nous posons : Comment puis-je m'affranchir du jugement des autres ? Comment me libérer de la dépendance des choses extérieures comme la possession des biens, le succès, l'approbation des autres, la sécurité ? Comment vaincre ma peur devant la mort et la maladie, la crainte de défaillir ou d'être rejeté ? Autant de questions qui agitent les hommes d'aujourd'hui comme ceux d'hier. Il s'agit du problème que je rencontre souvent dans l'accompagnement spirituel auquel je me livre, à savoir que des personnes se mettent dans des situations où elles continuent à se faire mal. Ces personnes sont plus nombreuses que ce qui apparaît à première vue. Cette auto-dégradation peut prendre la forme d'une auto-punition. Une femme me racontait qu'elle s'était elle-même punie en se réfugiant dans la maladie, par peur de recevoir des coups de la part de son père. De ce fait, celui-ci n'avait plus la possibilité de la punir. La maladie était pour cette femme l'unique moyen de se mettre à l'abri des coups de son père. Mais quel était le prix à payer ? Sa maladie était une auto-destruction, seule issue pour éviter des sévices venant d'autrui. Étant enfant, elle n'avait probablement aucune autre possibilité de réagir et celle-ci l'a au moins aidée à survivre.

Mais si cette femme continue à emprunter cette voie alors qu'elle est parvenue à l'âge adulte, elle n'en finira pas de se faire mal. Elle est maintenant en mesure de comprendre les mécanismes qu'elle a mis en place afin de pouvoir survivre et peut se faire une idée exacte de la vie, donc cesser de se faire du mal. Cependant la simple compréhension de ce mécanisme ne la libérera pas encore de son problème. Plus elle regardera en face le mal subi et laissera échapper sa colère contre ce père brutal et indigne, plus disparaîtront ses comportements infantiles et plus elle deviendra capable de gérer sa vie. Elle apprendra à se situer dans les conflits et à mûrir à travers eux. Elle n'aura alors plus besoin de s'y soustraire en ayant recours à l'auto-destruction. À travers les contrariétés, elle deviendra plus forte et, peu à peu, retrouvera le goût de lutter, le plaisir de se mesurer à elle-même, le désir d'exister en tant que telle.

D'autres se font mal parce qu'ils affichent, devant eux-mêmes et dans leur mode de vie, de grandes prétentions et des idéaux trop élevés. Si leurs ambitions ne se concrétisent pas, alors ils se rendent malades : ils éprouvent des sentiments de culpabilité, se font des reproches et souvent même se dévalorisent. Voici le cas d'une femme qui se sentait continuellement offensée par son mari qui, selon elle, s'amourachait d'autres femmes et s'intéressait à elles. Nous avons ici une blessure qui vient de l'extérieur. Mais en regardant d'un peu plus près, cette femme aurait peut-être pu découvrir que ce mari, qu'elle soupçonnait d'agir ainsi, lui faisait revivre les souffrances qu'elle-même avait endurées de la part de sa mère à travers l'éducation sévère dans laquelle elle l'avait élevée et où elle ne lui concédait rien. Un jour, elle s'est rendu compte qu'elle amplifiait dans sa conscience l'importance des blessures que lui infligeait son mari en pensant continuellement à ce qui pouvait se passer quand celui-ci rencontrait l'autre femme et que, soi-disant, il lui manifestait sa tendresse.

En entretenant de telles idées, elle se rendait elle-même malade. Ce qu'elle se représentait ne correspondait pas à la réalité. Car cet homme ne rencontrait pas l'autre femme dans l'intention de donner libre cours à sa tendresse, mais parce qu'il voulait discuter avec elle ou qu'il avait besoin d'elle pour son travail. Et alors, plus elle s'enferrait dans la fantaisie de ses imaginations au sujet du comportement de son mari envers l'autre femme, plus elle lui concédait de pouvoir sur elle-même. Le mal qu'elle éprouvait ne venait pas seulement des idées qu'elle se faisait sur les rencontres de son mari avec d'autres femmes. Cette personne ne trouvait pas son fondement en elle-même, ni non plus en Dieu. Elle ne se sentait pas « bien dans sa peau ». Elle avait le sentiment que sa valeur personnelle lui venait tout entière de son mari. Elle dépendait totalement de lui et justement parce qu'elle en était dépendante, celui-ci pouvait de nouveau la blesser, sachant qu'elle était incapable de le quitter.

Dans un tel contexte, cette personne devait d'abord apprendre à être libre intérieurement. Elle avait besoin de prendre plus de distance par rapport à son mari et de découvrir en elle-même sa valeur intangible. La blessure provoquée par son époux la toucherait alors de façon moins profonde. Celui-ci ne pourrait plus offenser sa dignité ni détruire ce qui faisait le fondement de sa personne. Quand cet homme se rendra compte que sa femme a retrouvé la liberté de se séparer de lui, il ne la fera plus autant souffrir par ses escapades. C'est lui surtout qui souffrira. En effet, dans ce cas, ses camouflets auront des conséquences sur lui : sa femme pourra effectivement le quitter et alors il se retrouvera seul et, de ce fait, se fera mal lui-même et ses offenses tomberont dans le vide. Il ne pourra plus, de cette façon-là, agresser sa femme et donc se fera mal à lui-même. Si les coups n'atteignent plus leur objectif habituel, ils en cherchent un nouveau. Et cet objectif, c'est alors soi-même.

Souvent nous ne voulons ni blesser l'autre, ni lui faire du mal, mais alors nous nous meurtrissons nous-mêmes. Quand une amie, ne voulant pas contrarier son ami, reste avec lui au lieu de suivre son sentiment qui lui indique que leur amitié n'a en fait aucun fondement, elle va alors se blesser elle-même. Et cela ne servira pas non plus à son ami. Plus elle restera avec lui, plus elle lui donnera d'espoir et plus celui-ci sera blessé quand elle se séparera de lui. Souvent nous nous blessons et blessons les autres parce que nous voulons éviter la douleur. Il est important d'écouter nos sentiments, les silencieux battements de notre coeur.

C'est le lieu où nous parle l'Esprit Saint. L'idée que nous ne devrions pas blesser l'autre, qu'avec un peu d'attention nous pourrions l'aider ne correspond généralement pas à la réalité mais vient de l'image que nous nous en faisons, une image qui est source de souffrance pour nous et pour les autres.

Le mal que nous nous faisons - comme le disent à l'unisson Épictète et Chrysostome - a pour cause nos fausses interprétations de la réalité. Si je pense que ma valeur consiste seulement à réussir un examen, je me blesse. Je me mets sous pression et me laisse prendre par la panique au fur et à mesure que j'approche de ce contrôle. Et si je ne réussis pas, je suis démoralisé, je me prends pour un incapable et ne m'accepte plus. Ou bien si je crois devoir absolument détenir la voiture la plus chère pour parfaire mon image de chef d'entreprise accompli, je me rends totalement dépendant du jugement des autres. Je pense que je pourrais leur en imposer avec cet engin pour l'acquisition duquel je me suis surmené.

Or, les gens ne se rendront probablement pas compte de la voiture que j'ai. Je me suis fatigué pour rien et donc seulement blessé moi-même. Et qui plus est, si certains s'extasient devant ma voiture, ce n'est pas leur émerveillement qui me fera vivre. Je cours après mon identité en voulant la trouver chez les autres, mais je cours dans le vide et ce n'est pas cela qui me rendra heureux. Beaucoup de ceux qui se laissent conduire par des fausses considérations de ce genre, se retrouvent dans le vide et en pleine absurdité. Ils luttent à mort pour être heureux et en vivant ainsi ils passent précisément à côté du bonheur.

Pascal Bruckner décrit une sorte d'auto-dégradation, typique de notre époque. Il pense que l'individualisme qui règne aujourd'hui ne nous a pas libérés, mais d'une façon plus terrible, nous a montré l'enfer de l'homme moderne. « Je me sens coupable envers les autres, tous les autres, à qui je dois rendre des comptes. Je succombe sous le poids d'une accusation vague que je n'arrive pas à formuler car elle porte directement sur le fait que je suis moi » (Bruckner 29). Beaucoup ont l'impression d'être assis en permanence sur le banc des accusés. Ils doivent continuellement se justifier en face des autres. Une religieuse vivait sans cesse avec l'obsession de devoir toujours travailler. Elle n'arrivait pas à jouir de la vie. Elle se sentait obligée de démontrer à ses collègues qu'elle était sans cesse au travail. Cela l'a conduite à se croire jugée en permanence parce qu'on la voyait donner trop peu de temps à la prière. Et plus elle se sentait jugée, plus elle s'imaginait devoir se justifier.

Elle deviendra toujours plus incapable de prier, car même dans la prière, elle se sentait sur le banc des accusés. Elle devait toujours justifier ce qu'elle entreprenait. C'est ainsi qu'elle ne pouvait plus s'engager en rien sans souci, plus jamais jouir de l'instant présent. Bruckner exprime cela de cette façon : « Pour beaucoup, vouloir devenir soi-même signifie "rechercher l'approbation de l'autre, se placer sous la coupe inexorable de son accusateur" » (Bruckner 30). Cela aussi constitue une sorte d'*auto*-dégradation, en raison d'une fausse représentation que l'on se fait de sa vie. On s'imagine assis en permanence sur le banc des accusés pour devoir se justifier devant les uns et les autres.

Un autre exemple venant d'un couple d'amis nous montre comment, à partir de fausses perceptions de la réalité, nous pouvons nous blesser nous-mêmes. Une de leurs rencontres se termina sur un malentendu. L'ami quitta sèchement son amie, la laissant désemparée. L'un et l'autre nourrirent entre eux, pendant deux jours, des sentiments d'agressivité et de compassion à la pensée que leur amitié était brisée. Quand ils se sont de nouveau rencontrés, ils ont pris conscience de l'étendue du mal qu'ils s'étaient fait. Ils s'étaient forgé une fausse idée de l'autre et tellement monté la tête qu'ils n'étaient plus en mesure d'apprécier la réalité de leur amour réciproque. Ils avaient passé tout leur temps à cultiver les blessures qu'ils s'étaient faites réciproquement, ce qui les avait rendues plus profondes. Ils s'étaient rendu à eux-mêmes la vie difficile. Finalement, ce n'est pas l'ami qui a blessé son amie, ni non plus celle-ci qui a rendu malade celui-là ; chacun d'eux s'est lui-même blessé et réfugié dans un douloureux apitoiement sur sa propre personne.

Dans les problèmes de couple, les opinions que nous nous forgeons sur l'autre jouent un rôle important. Une femme, par exemple, peut se figurer que son mari s'amourache de sa secrétaire et cette idée lui empoisonne l'existence. Une personne me parlait de son mari qui manifestait une certaine jalousie quand elle rencontrait son amie. Il se cassait la tête pour savoir ce qu'elle pouvait bien raconter à cette amie : peut-être lui parlait-elle de lui, de ses limites, de ses difficultés. Cela, il ne pouvait pas le supporter, car sa femme échappait à son contrôle, ce qui blessait son sentiment de supériorité, la conscience qu'il avait que sa femme appartenait à lui seul. Ce sont toujours nos fausses opinions qui nous blessent Si cet homme est meurtri par la visite de sa femme à l'une de ses amies, c'est son problème personnel. Ce n'est pas sa femme qui le fait souffrir, mais lui qui se blesse à cause de ses fausses opinions et de son orgueil fantaisiste.

Jean Chrysostome nous invite à vérifier nos perceptions de la réalité. En effet, la plupart du temps, ce ne sont pas les autres qui nous font souffrir, mais nous-mêmes, dans la mesure où nous nous en faisons une fausse idée. Ensuite il nous appartient, si l'autre nous blesse, soit de continuer à souffrir en nous punissant ou en nous dépréciant nous-mêmes, soit de nous libérer en regardant la réalité telle qu'elle est réellement. C'est alors que nous prendrons de la distance par rapport à nos blessures et que nous découvrirons la vérité de notre vie ; nous retrouverons le calme dans notre habitation intérieure, qui ne peut être blessée par l'image non falsifiée de Dieu que nous portons en nous et par l'inviolable dignité que personne ne peut nous ôter.

Figures bibliques de la liberté

Jean Chrysostome fonde sa thèse selon laquelle personne ne peut être blessé sinon par lui-même sur des exemples tirés de la Bible. Je voudrais méditer sur quelques figures bibliques présentées par l'évêque de Constantinople et traduire leur message dans les réalités concrètes de notre vie. Des exemples qui viennent de l'accompagnement spirituel aideront à reconnaître l'actualité de ces histoires bibliques.

Les jeunes dans la fournaise

Voici donc les trois jeunes gens dans la fournaise. Ce sont des juifs de famille noble, déportés à Babylone. Ils furent bien traités et bien nourris par le roi, qui avait comme projet de les prendre à son service. Mais comme ils refusaient d'adorer sa statue, ils furent dénoncés par certains Chaldéens. Ils restèrent sur leur position, même en face du roi, ce qui leur valut d'être enchaînés et jetés dans une fournaise de feu ardent. « Mais ils passaient au milieu des flammes, louant Dieu et priant le Seigneur » (Daniel 3, 24). Un ange du Seigneur, descendu avec eux dans la fournaise, « repoussa au-dehors la flamme du feu et il leur souffla, au milieu de la fournaise, comme une fraîcheur de brise, si bien que le feu ne les toucha aucunement et ne leur causa ni douleur ni angoisse » (Daniel 3, 49f). Et tous les trois chantèrent l'hymne que, jusqu'à ces jours, nous chantons dans la liturgie de l'Office du matin, le dimanche.

Il ne s'agit pas seulement de s'émerveiller devant le miracle relaté par la Bible et dont ces trois jeunes gens furent les bénéficiaires, car alors l'histoire n'aurait pas d'intérêt pour nous, aujourd'hui. Chrysostome interprète le sort des trois jeunes gens de telle façon que cette histoire nous concerne actuellement. Il prend ces trois jeunes comme exemple, pour démontrer que rien d'extérieur ne peut nous causer de dommages, que ce soit la prison, l'éloignement de son pays, la solitude ou encore la perte de pouvoir. Ce qui caractérise les trois jeunes est leur confiance en Dieu. Parce qu'ils demeurent fixés en Dieu, les situations défavorables ne peuvent les meurtrir. Pour Chrysostome, ce n'est pas tant le miracle qui est important, mais la juste représentation que ces jeunes se font de la réalité. La foi en Dieu amène à penser de façon juste, établit dans une relation correcte envers le pays et la parenté, par rapport à la possession des biens et à la liberté. Le miracle qui a fait que les trois jeunes ont été sauvés du feu est la preuve qu'ils ont une attitude juste par rapport aux choses, attitude qui leur vient de leur foi. Si je suis ancré en Dieu, alors même le feu ne peut me causer de dommages.

Nous ne serons certainement pas jetés dans le feu mais la situation des trois jeunes gens dans la fournaise peut très bien nous servir d'image et rejoindre notre expérience. En songe, le feu peut représenter une passion, l'amour, la sexualité, l'agression. Nous voyons souvent en rêve brûler le toit de notre maison. Cela signifie la plupart du temps qu'en nous esprit et instinct communiquent fortement. Le feu est un avertissement à relier entre eux conscient et inconscient, à faire communiquer esprit et instinct. Sinon notre toit brûlera aussi et notre esprit également prendra feu, enflammé par une puissante passion, si forte que nous ne serons plus en mesure de penser avec lucidité. Parfois nous avons l'impression de nous trouver comme dans une fournaise dans laquelle nous sommes consumés par nos passions. Brûle en nous l'amour pour une personne qui ne nous paie pas de retour. Ou bien c'est un désir sexuel qui peut nous embraser.

L'image des trois jeunes dans la fournaise montre que la confiance en Dieu nous protège des flammes de nos passions et qu'elle nous permet de les voir sous leur vrai jour. Elles peuvent enflammer nos émotions. Mais le domaine en nous qui se confie en Dieu, notre moi spirituel, ne peut être consumé par les flammes. Ce moi spirituel, le vrai moi d'Épictète, est comme un ange descendu avec nous dans la fournaise. Il rend frais l'intérieur de notre fourneau. Au milieu du brasier, il est un domaine où le feu n'a pas accès. C'est le lieu où réside en nous notre ange, l'endroit en nous où Dieu lui-même habite.

La confiance en Dieu nous conduit donc au domaine intérieur qui ne peut être atteint par les passions et de plus nous permet de voir les choses de façon juste. Si je trouve en Dieu mon soutien, alors je n'ai plus besoin de chercher appui dans la possession des biens ou de me cramponner à des personnes ou à des habitudes avec lesquelles j'ai grandi. La confiance en Dieu peut me conduire à la liberté dont les trois jeunes gens ont fait preuve face au roi. Celui-ci n'a pas réussi à leur faire abandonner les convictions qu'ils avaient et n'a pu les amener à se blesser en arrivant à leur faire trahir leur identité, parce qu'ils étaient solidement ancrés en Dieu et qu'ils avaient confiance en lui pour leur donner tout ce dont ils pourraient avoir besoin pour vivre.

Avoir confiance en Dieu signifie aussi toujours être en harmonie avec lui afin de se réjouir de ce qu'il nous donne, de ce qu'il nous demande et de ce qu'il attend de nous. Pour Chrysostome, la confiance en Dieu consiste à avoir une juste perception de la réalité. Ceci nous libère du pouvoir des rois de la terre et des personnes qui pensent avoir pouvoir de décision sur notre vie, qui croient nous faire peur parce qu'ils sont nos supérieurs sur le lieu du travail ou qu'ils sont placés plus haut que nous dans la société. Cela nous libère des hommes qui voudraient nous faire croire que nous sommes dépendants de leur bon vouloir et qu'ils peuvent décider de notre avenir ou nous barrer la route.

Joseph en Égypte

La figure vétérotestamentaire de Joseph est pour Jean Chrysostome une autre justification de sa thèse maintenant connue : rien ne peut blesser celui qui ne se blesse pas lui-même. Joseph médite sur ses songes. Il se sent en harmonie avec cette voix intérieure par laquelle Dieu s'adresse à lui. Il n'accepte pas l'interprétation de ses frères qui le sous-estiment car il est le plus jeune, le haïssent et le rejettent parce qu'il n'est pas comme eux et qu'il est le préféré de son père. Ils veulent le tuer. Mais, sur le conseil de Ruben, ils le jettent dans une citerne et, finalement, le vendent à des marchands de passage. Ceux-ci l'emmènent en Égypte et le cèdent à Potifar, un haut fonctionnaire du Pharaon. Mais là tout se passe bien car Dieu est avec lui (voir Genèse 39,2). La jalousie de ses frères n'a pu lui causer préjudice. Même lorsqu'ils l'ont jeté dans la citerne et l'ont vendu, ils n'ont pu vraiment le blesser. Il se savait dans les mains de Dieu. Cela le rendait libre face à la tyrannie de ses frères remplis de méchanceté. Ils voulaient lui nuire, mais en fait ils lui ont été utiles. Aucun d'entre eux n'a fait une aussi brillante carrière que lui.

Le parcours de Joseph n'a cependant pas été sans obstacle. Comme tout ce qu'il entreprenait lui réussissait, son maître le nomma administrateur de sa maison. Sous sa gouverne, le patrimoine augmenta de valeur. Tout lui souriait. Mais la femme de Potifar l'avait remarqué et voulut passer la nuit avec lui. Joseph, fidèle à lui-même, ne se laissa pas séduire, mais fit le choix de suivre sa conscience. Alors la femme usa de ruse : elle prétendit qu'il avait voulu coucher avec elle. Son maître le jeta alors en prison. De nouveau le destin semblait se retourner contre lui. Mais dans sa geôle, Joseph resta fidèle à sa conscience. Emprisonné, il vécut cependant en homme libre, car il se savait dans les mains de Dieu. Il interpréta les songes de ses compagnons d'infortune, ce qui eut comme conséquence de le faire sortir de prison pour interpréter alors les songes du Pharaon que tous les devins et les sages de l'Égypte n'arrivaient pas à déchiffrer. À peine eut-il terminé d'en donner l'explication au Pharaon, que celui-ci lui accorda les pleins pouvoirs sur toute l'Égypte. Une fois de plus, Dieu le libérait des mains des jaloux et des injustes. Rien ne pouvait lui nuire. Au contraire, dit Chrysostome, plus les autres voulaient lui faire du mal, plus cela tournait à son honneur.

L'histoire semble trop belle pour être vraie mais il y a aussi dans notre vie assez d'exemples susceptibles de l'illustrer. Il nous semble parfois que quelque chose va mal, mais si nous nous appuyons sur Dieu, celui-ci change notre destin. Nous découvrons soudain le sens de la crise que nous traversons, du naufrage qui nous engloutit, d'une calomnie, d'une injustice à notre égard. Cette crise nous fait faire des pas en avant aussi bien intérieurement que dans notre comportement extérieur. Un confrère de quatre-vingt-dix-neuf ans me racontait combien il avait souffert d'avoir été mis en procès et condamné par les nazis pour des actes immoraux sur des jeunes. Mais la confiance de l'Abbé et de sa communauté l'avait soutenu alors qu'il était en prison et il me disait avec quelle force et quelle maturité il était sorti de cette épreuve et surtout combien sa foi en avait été renforcée.

Cependant, le temps de la prison avait été pénible. Dans le malheur on éprouve peu la liberté intérieure. Pour Joseph également le temps passé dans la citerne ou en prison n'a pas été facile. Il a souffert de sa situation. Mais le discernement exercé sur ses songes lui a fait espérer que la prison ne serait pas le dernier mot de sa vie, que Dieu lui avait fait don d'une dignité inviolable que personne ne pouvait lui voler. L'histoire de Joseph nous fait espérer que Dieu peut aussi changer notre destin, que nous sommes en toute situation dans ses mains quand nous sommes en train de toucher le fond et que nous nous sentons emprisonnés.

Bien sûr, il y a aussi suffisamment d'histoires qui ne se terminent pas aussi bien. Des hommes et des femmes sont injustement jetés en prison, torturés et exécutés. Il suffit de penser seulement à Alfred Delp[3], Dietrich Bonhoeffer et Edith Stein. Quand je lis leur histoire, c'est toujours pour moi une souffrance de penser que des personnalités douées de si grands talents et en même temps de grande valeur religieuse n'aient pas échappé à la terreur des nazis, malgré tous les efforts déployés pour les libérer.

Mais en même temps, je pressens que ces personnes n'ont pas été détruites par la fatalité qui s'abattait sur elles de l'extérieur mais qu'elles ont gardé intactes leur liberté intérieure et leur dignité. Bonhoeffer est apparu à ses gardiens comme un homme libre. Certains d'entre eux allaient le trouver pour lui raconter leurs problèmes. Ils s'entretenaient volontiers avec lui, parce qu'ils sentaient

3. Prêtre allemand résistant au nazisme. Arrêté en juillet 1944, il fut condamné à mort et exécuté en 1945. (Ndt)

en lui le goût de la liberté au milieu d'un monde de suspicions, de dépendance et de terreur. Pour lui, la maîtrise de soi était un chemin vers la liberté. C'est ainsi qu'il écrit à son ami Eberhard Betghe : « Si tu choisis de chercher la liberté, apprends avant toute autre chose à discipliner ton esprit et ton âme. Personne ne fait l'expérience du mystère de la liberté, si ce n'est à travers la discipline » (Bonhoeffer 184). Et lorsque, après l'attentat manqué du 20 juillet 1944, il fut évident pour lui qu'il pourrait être condamné à mort, il écrit : « Sur le chemin de la liberté, la mort est la fête la plus solennelle » (189).

Delp, quant à lui, ne se lasse pas dans sa prison de rédiger des pages sur la liberté chrétienne qu'il considère comme le comportement essentiel du chrétien de notre temps. Peu de temps avant sa condamnation, il écrit que c'est en prison qu'il a appris ce qu'était la vraie liberté intérieure : « Dieu m'a permis d'acquérir un bel espace de liberté intérieure. C'est surtout cela la grâce de ces éprouvantes semaines : prendre des distances par rapport à moi-même. La sûreté que je mettais en moi est brisée, mais peu à peu la réalité de Dieu se fait proche de moi et se manifeste dans toute sa densité. Comment peut-on vivre seulement à moitié ou pour un quart, comme je l'ai fait » (Lettre du 7 janvier 1945 à Louise Oestreicher). Après sa condamnation, il écrit le 11 janvier de la même année : « Maintenant je suis vraiment devenu un homme, intérieurement libre, beaucoup plus vrai et plus crédible, plus véridique qu'auparavant. Maintenant seulement mon oeil peut saisir le relief et toutes les dimensions de la réalité ; il a toute l'acuité nécessaire pour en apprécier les différentes perspectives. Il n'y a plus de place pour des raccourcissements et des déformations. » (107 f) C'est seulement en prison qu'il se sent vraiment libre et sa liberté est étroitement liée à sa juste perception de la réalité. À présent se dissolvent les fausses représentations (*dogmata*) qu'il avait de la réalité. Maintenant Dieu lui-même enlève le voile qui la recouvrait (c'est le concept de *l'aletheia,* la vérité dans la langue grecque) et Delp peut connaître la réalité telle qu'elle est aux yeux de Dieu. Cela apparaît clairement dans sa méditation du troisième dimanche de l'Avent en 1944 : « La liberté est la respiration qui permet de vivre. Nous sommes ici, assis par terre dans des caves humides et des prisons étroites. Nous avons enfin, pour la première fois, la possibilité de ne plus accorder aux choses une splendeur artificielle, une fausse dignité mais nous pouvons les prendre pour ce qu'elles sont : une vie non sauvée » (173). Si nous voyons ainsi la réalité comme Dieu la voit, nous sommes véritablement libres. Alors, pas même la prison ne peut nous enlever la liberté intérieure.

Selon Alfred Delp, il y a deux conditions fondamentales pour acquérir la liberté intérieure : l'adoration et l'amour. Seul celui qui se dépasse, qui s'incline devant Dieu, fait l'expérience de la vraie liberté. « L'être humain participe à cette liberté s'il dépasse ses propres limites. » (217). Dans sa méditation sur la fête de l'Épiphanie, en 1945, il montre que les hommes qui se prosternent devant l'Enfant Dieu dans l'étable de Bethléem sont devenus véritablement libres. « *Adoro* (j'adore) et *Suscipe* (soulève-moi) sont les deux mots dont la liberté humaine tire son origine. Le genou plié ainsi que les mains vides et tendues sont les deux premiers gestes de l'homme libre » (218). Et sur la toile de fond de son imminente condamnation et de son exécution, il résume ainsi le message de la fête de l'Épiphanie : « O homme, abandonne-toi sans réserve à ton Dieu et tu te retrouveras toi-même : maintenant ce sont les autres qui te possèdent ; ils t'affligent, ils t'effraient et te font passer d'une affliction à une autre. Mais voici la liberté qui chante : aucune forme de mort ne peut nous tuer. Alors de là s'élance la vie dans un espace sans frontières » (219).

Delp a souvent beaucoup souffert en prison. En effet, alors qu'il avait été frappé jusqu'au sang par ses sbires et que, à cause de ses souffrances, il était incapable de dormir, il a même pensé au suicide. Il a donc éprouvé la souffrance la plus profonde. Malgré cela, il a cru dans la liberté humaine, y compris dans des situations aussi atroces, comme pouvait l'être la chambre de torture des nazis. La liberté dont parle Delp n'est pas l'insensibilité mais une liberté intérieure au milieu des plus grandes détresses et dans le brouillard le plus dense, celui qui empêche toute perception d'avenir. C'est la prise de conscience fondamentale que finalement aucun être humain n'a de pouvoir sur nous, voudrait-il même nous tuer. Dieu est celui qui nous libère devant le pouvoir de nos bourreaux et de nos assassins. C'est là une expérience de foi profonde dont la Bible parle sans cesse et dont témoignent devant nous, de façon toujours nouvelle, les martyrs contemporains.

Mais il y a aussi d'autres expériences qui montrent que, dans les camps de concentration, des personnes ont été blessées au plus intime de leur être. Jorge Semprun raconte dans son livre *L'écriture ou la vie* comment dans ses rêves il entendait continuellement les voix des gardiens du camp. Primo Levi, un juif italien, écrit peu de temps avant sa mort : « Avec tristesse, nous devons constater une fois de plus que les blessures en profondeur sont inguérissables ; elles survivent par-delà le temps... Qui a été mis à la torture reste torturé... Qui a subi le supplice ne peut plus se sentir chez lui sur la terre » (Lorenz-Lindemann 201).

Dans ce cas, on ne peut pas dire que ces personnes continuent à se faire mal. Les blessures venant de l'extérieur ont été si atroces qu'elles les marquent pendant des décennies. On peut seulement, dans ces situations, espérer et prier afin que l'Esprit Saint guérisse de telles meurtrissures. Mais un long processus sera nécessaire. Il a fallu vingt ans à Jorge Semprun avant de pouvoir écrire ce qu'il avait vécu en camp de concentration.

De la même façon, on peut mettre en question la thèse selon laquelle personne ne peut être blessé que par soi-même, quand on pense à des femmes qui, dans leur enfance, ont été violentées. Enfants, elles n'avaient aucune possibilité de s'opposer à ces violences dont elles vont avoir à souffrir toute leur vie. Parfois, dans l'accompagnement spirituel, j'éprouve une réelle souffrance quand ces femmes me racontent la façon dont, dans leur jeune âge, elles ont été exploitées sexuellement. C'est terrible de voir jusqu'où peut aller la méchanceté humaine. La thèse Jean Chrysostome ne doit pas nous conduire à minimiser de telles blessures. Elles atteignent les profondeurs de l'être. Ce qui est le plus douloureux dans le cas d'abus sexuels, c'est le fait que beaucoup de victimes s'attribuent à elles-mêmes la faute plutôt que de l'imputer à leur agresseur. En cela, elles se blessent elles-mêmes. Elles ont été abîmées par un homme qui n'a pas assumé sa propre sexualité. Mais au lieu de se départir sur lui de leur colère, elles se culpabilisent elles-mêmes sous le prétexte qu'elles n'ont pas eu avec lui un comportement cohérent, qu'elles ont continué à le fréquenter etc. Pour ne pas perdre le père ou l'oncle qui les a blessées, elles portent la responsabilité de l'acte. Souvent ce mécanisme d'auto-culpabilité dure toute une vie. Dans tous les domaines ces femmes se sentent coupables. Si, par exemple, elles éprouvent un vide dans leur vie spirituelle, elles s'interrogent aussitôt sur une erreur qu'elles auraient pu commettre. Ou encore si une relation est sans succès, elles cherchent toujours quelle est leur part de responsabilité. Ce sentiment de culpabilité fait qu'elles entretiennent les blessures qui leur ont été infligées et qu'ainsi elles se blessent elles-mêmes.

Le cercle vicieux qui va de la blessure infligée de l'extérieur à l'auto-culpabilité ne peut être brisé qu'à partir du moment où l'offensée consent à assumer sa colère. Cela lui donne des nouvelles énergies et la libère du pouvoir du coupable. Elle pourra alors présenter à Dieu ses blessures, de façon à ce qu'elles puissent être progressivement transformées. Pour Hildegard de Bingen, le fait de savoir comment pouvoir changer nos blessures en perles est le problème central de la croissance humaine. La foi peut faire espérer la personne offensée en une métamorphose de ses blessures : elles peuvent devenir des perles. Je cherche à persuader les femmes blessées que, malgré toute l'humiliation subie, la dignité qui leur vient de Dieu n'a pas été atteinte. Un homme a été capable de les meurtrir profondément, mais il n'a pu les priver de leur dignité. Il y a encore en elle un domaine qui n'a pas été touché par la blessure qu'elles ressentent.

L'offense agresse le corps et l'âme et ce qui est le plus profondément touché est d'abord la sphère émotionnelle. Mais le domaine intérieur, le lieu où Dieu a établi son habitation demeure sain et sauf. De là, sa force salvatrice peut progressivement pénétrer le coeur et changer les sentiments. J'ai connu des femmes qui ont réussi à se battre contre la violence subie et, suite à cela, sont devenues des thérapeutes compatissantes envers beaucoup d'autres se trouvant dans des situations similaires et signes d'espoir pour elles. Cela a vraiment transformé leur blessure en perle. Elles n'ont pas transmis leurs meurtrissures. Au contraire, à travers celles-ci, elles sont devenues capables de guérir les autres.

Dans l'accompagnement spirituel auquel je me consacre, beaucoup me parlent d'une souffrance dont d'autres sont la cause, par exemple d'un père qui a toujours sous-évalué son fils et l'a tourné en ridicule, blessure profonde devant laquelle l'enfant se trouvait sans défense. Ou encore cette femme qui me disait comment, fille illégitime, elle avait été considérée par sa grand-mère comme une tare dans la famille. Un enfant n'est pas responsable d'être né hors du mariage. Dans des situations de ce genre, je dois, en tant qu'accompagnateur, descendre au fond du gouffre de la souffrance éprouvée par l'autre. Je ne prendrais pas au sérieux celui qui souffre, si je lui présentais aussitôt la thèse de Jean Chrysostome. Mais quand la blessure a été suffisamment examinée et intégrée, alors à un moment ou à un autre vient la phase dans laquelle il faut en prendre congé, s'en débarrasser et ne plus jamais y revenir. Si cette étape est négligée, c'est alors que commence l'auto-mutilation. Le patient s'est tellement identifié avec ses souffrances qu'il a peur de s'en séparer. En effet, il sait ce qu'elles provoquent en lui, mais il ignore ce qui se passera quand il en sera libéré. Cette incertitude lui fait peur. À cette étape, la maxime « personne ne peut te blesser, sinon toi-même » peut le conduire à se réconcilier avec son passé douloureux et en même temps à s'en libérer pour oser s'engager avec confiance sur les chemins de l'avenir.

Dans l'histoire de Joseph, le destin se répète. Il a d'abord été jeté par ses frères dans la citerne puis mis en prison par son maître. Dans l'accompagnement spirituel, je rencontre souvent des personnes qui, inconsciemment, se mettent dans des situations qui reproduisent les souffrances précédentes. Souvent il est difficile de comprendre pourquoi, par exemple, des femmes qui ont été exploitées sexuellement prennent conseil de thérapeutes qui de nouveau en abusent, ou pourquoi un homme est sous les ordres d'un chef qui le sous-évalue, exactement comme avait fait son père. Pourquoi un homme choisit-il comme partenaire une femme qui lui inflige les coups que, dans son enfance, sa grande soeur lui a fait encaisser ? Pourquoi la femme battue sans cesse par son mari retourne-t-elle toujours vers lui, bien que rien ne lui permette de penser qu'elle ne sera plus maltraitée.

On ne peut pas dire que ces personnes cherchent délibérément leur bourreau. Apparemment, nous nous trouvons là devant une loi : qui n'a pas assumé les blessures de son enfance tombe à nouveau dans des situations malheureuses. J'ai abordé cette question avec une thérapeute, qui pensait que la répétition de telles situations pouvait constituer aussi une chance pour l'esprit. De la même façon qu'un écolier redouble une classe afin d'arriver plus près du but la seconde fois, ainsi l'esprit recherche sans cesse l'occasion d'apprendre ce qu'il n'a pas réussi à saisir la première fois. La religieuse traitée par sa supérieure comme elle l'avait été par sa mère pourrait apprendre, à l'âge adulte, une façon nouvelle de se comporter.

Apparemment, nous avons besoin de nous trouver souvent dans les mêmes situations pour nous mettre à faire des pas décisifs dans notre processus de croissance. Maintenant la religieuse aurait pu chercher, par exemple, à mieux tenir ses distances vis-à-vis de sa supérieure, à ne pas se laisser blesser par ses coups d'épingles, à se défendre et à être elle-même. De toute façon, il y a aussi de sempiternels récidivistes qui n'apprennent rien des situations vécues. Il y a des tragédies qui se répètent sans fin jusqu'au jour où c'est la destruction totale. Ayant en arrière-plan l'histoire de Joseph, Chrysostome dirait que ces éternels « récidivistes » s'infligent à eux-mêmes blessures et dommages.

Job

Pour l'évêque de Constantinople, Job constitue une preuve supplémentaire de la justesse de sa thèse. Job a été éprouvé par Dieu et pas seulement lorsqu'il a perdu tous ses biens. Cette perte est en effet quelque chose d'extérieur face à laquelle l'homme craignant Dieu peut faire face avec humilité et résignation. Mais tous ses enfants lui sont retirés. Cela le frappe en plein coeur. Ce qu'il a de plus cher, ses propres enfants, dont il était si fier, lui sont arrachés. Face à cette privation, Job répond encore avec résignation : « Nu, je suis sorti du sein maternel, nu, j'y retournerai. Le Seigneur m'avait donné, le Seigneur m'a repris : que le nom du Seigneur soit béni ! » (Job 1, 21). Finalement Satan intervient et, avec la permission de Dieu, « il l'affligea d'un ulcère malin, depuis la plante des pieds jusqu'au sommet de la tête » (Job 2, 7). Maintenant Job gît dans une grande douleur et maudit le jour de sa naissance : « Périsse le jour qui me vit et la nuit qui annonça : "Un mâle vient d'être conçu !" » (Job 3, 3).

Job est donc profondément blessé et son histoire ne semble pas particulièrement apte à confirmer la thèse selon laquelle on ne peut souffrir que par soi-même. À la souffrance et aux dégâts causés par Satan, qui obtient de Dieu la permission de le toucher au niveau existentiel, s'ajoute l'offense des amis qui cherchent à lui faire comprendre qu'il est l'unique responsable de ses malheurs. Il a certainement péché d'une façon ou d'une autre, sinon Dieu n'aurait jamais pu le condamner à subir tous ces malheurs. Mais Job ne se laisse pas meurtrir par ses amis. Malgré toutes ses souffrances, il persiste à dire qu'il a vécu loyalement devant Dieu. Il ne se blesse pas lui-même en se considérant comme coupable, en doutant de la rectitude de son comportement ou en se mettant à rechercher les fautes qu'il aurait pu commettre. Il n'y a chez lui aucun pharisaïsme mais de l'honnêteté. Il sait que pour le moins il s'est efforcé de vivre selon la volonté de Dieu. Et à la fin Dieu lui donne raison.

Le malheur de Job n'a pas pour cause son péché mais l'incompréhensible nature de Dieu qui lui fait voir dans les merveilles de la nature qu'il est plus grand et plus insaisissable que lui, Job, ne pouvait l'imaginer. Et Job s'incline devant la majesté de Dieu et confesse : « Je ne te connaissais que par ouï-dire, mais maintenant mes yeux t'ont vu. Aussi je retire mes paroles, je me repens dans la poussière et sur la cendre. » (Job 42, 5) Il ne se reconnaît pas pécheur, mais il se présente comme homme, formé de la poussière de la terre et donc ne pouvant se permettre de discuter avec Dieu. Celui-ci lui donne de connaître à nouveau le bonheur ; il va même jusqu'à multiplier par deux les biens qu'il possédait auparavant et lui accorde sept fils et trois filles. Ainsi meurt Job, béni de Dieu, âgé et rassasié de jours.

Le Livre de Job m'apprend que la thèse selon laquelle personne ne peut être blessé que par lui-même ne doit pas devenir une loi absolue. Job a souffert énormément ; il a été touché au plus profond de lui-même, non seulement par la perte de ses biens matériels comme ses boeufs ou ses chameaux, mais par celle de ses fils sur lesquels il avait reporté tout son amour.

Quand des parents perdent un enfant à cause de la maladie ou d'un accident, ils éprouvent une profonde blessure et, comme Job, sont affectés par cette perte cruelle. Cependant, dans le deuil, la foi peut être comme un délicat rayon de lumière qui fait espérer que rien n'est sans signification. Pour certains, au contraire, dans de telles situations tout devient incompréhensible. Ils ne trouvent plus aucun sens à leur vie. Ils amplifient encore leur douleur en se rendant coupables de n'avoir pas été suffisamment attentifs à l'éducation de leurs enfants et en estimant s'être trompés sur toute la ligne. Job, lui, croit malgré tout qu'il est dans la main de Dieu. Il sait qu'il ne pourra rien emporter dans la tombe, que ses enfants étaient un cadeau immérité, que Dieu peut lui retirer.

Mais ce type d'approche n'est possible que si on a laissé libre cours à la douleur de la séparation. Alors, peu à peu, une telle perception fera son chemin et sa lumière illuminera de plus en plus les ténèbres du coeur jusqu'à faire croître une nouvelle confiance. Job ne se déclare pas aussitôt satisfait de son destin ; il laisse au contraire libre cours à sa plainte : « Puisque la vie m'est en dégoût, je veux donner libre cours à mes plaintes, épancher l'amertume de mon âme. Je dirai à Dieu : Ne me condamne pas, indique-moi pourquoi tu me prends à partie. Est-ce bien pour toi de me faire violence, d'avilir l'oeuvre de tes mains ? » (Job 10, 1-3). Se plaindre est certainement libérateur. Quand nous permettons à notre amertume de s'extérioriser, elle peut se transformer. Se plaindre est autre chose que de se lamenter. Quand je me lamente, je tourne en rond sur moi-même et je me noie dans les larmes de mes désolations. Quand je me plains à Dieu, je lui expose mes besoins, je déplore mon destin et je crie vers lui. Dans ce dialogue quelque chose en moi peut changer.

Pire encore semble la blessure qui atteint mon propre corps. Ce n'est pas seulement la maladie physique incurable qui nous blesse en profondeur. La plaie maligne que Satan inflige à Job peut être aussi l'image des blessures psychologiques, des tourments de notre système nerveux, de nos angoisses, de nos susceptibilités, de nos inhibitions et de toutes les souillures de notre psychisme. Les dépressions peuvent être comme un ulcère purulent qui dévore notre esprit. Les dysfonctionnements psychiques contre lesquels nous nous sentons impuissants peuvent nous ôter notre dignité. Une femme souffrait d'une tumeur au cerveau qui provoquait chez elle des crises d'épilepsies. Pour elle qui jusque-là était pleinement maîtresse de sa vie, c'était une profonde blessure. Elle ne pouvait plus se prendre en mains. Son beau visage qui s'éclairait si souvent de sourires était maintenant déformé par les contorsions. Elle qui arpentait toujours la vie la tête haute, se voyait jetée dans la poussière du chemin et ballottée ici et là. Son mari, à ses côtés, sans recours, se sentait profondément éprouvé par ces crises humiliantes. Quand je suis témoin de telles situations, je peux seulement compatir et je me garde bien de parler de la thèse de Chrysostome. Voici des personnes touchées au plus profond d'elles-mêmes par la maladie et elles n'y peuvent rien. Elles ne se sont pas blessées elles-mêmes. Si je cherchais à leur proposer cette thèse de Chrysostome, je ne ferais rien d'autre que d'accroître leur souffrance, comme l'ont fait les amis de Job en développant leur argumentation ; j'aggraverais leur douleur, en leur en attribuant la cause.

Que doit donc signifier la thèse stoïcienne ? Est-elle inhumaine et païenne ou au contraire se justifie-t-elle dans des situations si extrêmes ? Chrysostome ne craint pas de la légitimer même dans le cas de Job atteint par la lèpre qui, assis dans la cendre, racle ses pustules avec un tesson de bouteille. Il y a des souffrances devant lesquelles je me trouve tout simplement sans parole. Je dois d'abord m'incliner avec respect devant la souffrance humaine et je m'interdis quelque interprétation que ce soit. Je garde le silence. Je prends la souffrance au sérieux et je partage ce que j'éprouve avec la personne qui me confie sa misère. Puis je réfléchis à la façon dont l'autre peut se comporter avec sa douleur.

Si je m'arrête à la compassion, cela peut, pour un temps, soulager l'autre, mais ne l'aidera pas par la suite. Je cherche donc avec beaucoup de prudence à l'orienter vers le domaine intérieur, qui même dans une maladie aussi humiliante que l'épilepsie, n'est pas touché : j'essaie d'attirer son attention sur la dignité sacrée qu'aucune maladie, si horrible soit-elle, ne pourra détruire. Mais je dois le faire avec beaucoup de ménagement et de délicatesse et d'abord saisir la souffrance dans toute sa gravité et m'en laisser imprégner.

La thèse de Chrysostome ne signifie pas que, comme chrétiens, nous ne devrions pas souffrir. Au contraire, les derniers livres du Nouveau Testament témoignent sans discontinuité que les chrétiens doivent passer par l'épreuve de la souffrance. Mais la souffrance ne sera pas sans signification ; au coeur de celle-ci, le chrétien peut faire l'expérience d'une communion avec le Christ. Dans cette optique, il n'aggrave pas sa douleur, mais il peut la supporter. Dans sa première Lettre, saint Pierre va jusqu'à dire : « Vous tressaillez de joie, bien qu'il vous faille encore quelque temps être affligés par diverses épreuves » (1 Pierre 1, 6). Croire que la souffrance fait partie de notre existence la rend supportable. Et la foi, semblable à un rayon de lumière dans l'obscurité des épreuves, nous oriente, au-delà de celles-ci, vers Dieu qui nous soutient aussi quand nous souffrons.

La souffrance devient insupportable quand nous l'interprétons de façon erronée, quand nous en cherchons les causes en nous-mêmes. Nous nous flagellons alors avec le fouet de nos propres reproches. Nous creusons nos plaies et nous continuons à nous torturer. Il faudrait, comme Job, nous harponner à notre dignité, même dans les souffrances les plus fortes, croire que malgré tout nous avons vécu dans la rectitude et que la souffrance n'est pas une punition méritée mais un incompréhensible destin que nous devons remettre dans les mains de Dieu. Voilà ce qui peut nous conduire, nous aussi, après un long temps d'affliction, à voir la douleur se transformer en une vie nouvelle, en une vitalité jusqu'alors inconnue et en une étonnante liberté. Les personnes qui sont passées à travers ces tribulations sont souvent des personnes mûres et calmes, qui ont un coeur grand ouvert et qui sont devenues intérieurement libres face à la peur qu'elles éprouvent devant les dangers qui menacent leur propre vie.

Dans des expériences aussi foncièrement douloureuses que celle de Job, la thèse selon laquelle nous ne serons pas blessés si nous ne nous blessons pas nous-mêmes pourrait nous éviter d'aggraver, par une souffrance qui viendrait de nous-mêmes, les douleurs qui nous arrivent de l'extérieur. Il est une raison pour laquelle elles nous atteignent plus fortement : c'est l'illusion que nous devrions vivre sans souffrir. La souffrance ne devrait pas exister. Nous nous faisons du mal à cause de l'idée erronée que nous en avons. Si nous prenons en compte le fait que la souffrance nous atteindra, nous réussirions à vivre avec elle sans la rendre plus grande en nous faisant souffrir nous-mêmes. Si nous la recevons des mains de Dieu et si à travers elle nous faisons l'expérience d'une communion avec le Christ, alors la douleur sera supportable.

Comme Job, nous pouvons nous rebeller contre la souffrance et le malheur qui nous touche. Dans la rébellion, il y a encore l'estime de soi. Comme Job nous pouvons nous plaindre de notre sort et accuser Dieu qui nous a mis dans une telle situation. L'accusation est autre chose que la lamentation. Dans l'accusation, nous nous accrochons à notre dignité. Dans la lamentation nous sombrons dans l'auto-commisération et nous perdons l'estime de nous-mêmes. Nous nous plaignons que tout aille mal, qu'il n'y ait plus rien à faire, que tout n'ait aucun sens. Certains s'enferment dans cette douleur et refusent la vie. C'est certainement la blessure la plus profonde qui puisse exister : la négation et le refus de la vie. Même dans la douleur la plus incompréhensible, tenir encore à sa dignité intérieure qui ne peut être touchée par la souffrance, voilà ce que serait le message de Job, que Chrysostome voudrait nous transmettre dans son discours.

La maison sur le rocher

Je voudrais citer les exemples de Caïn et d'Abel ainsi que les expériences de l'apôtre Paul rapportées par Chrysostome pour défendre sa thèse. Lisant son propos, j'ai été frappé par la façon dont le Père de l'Église interprète le passage du Sermon sur la montagne qui parle de la maison construite sur le rocher. Il estime que dans la vie nous serons continuellement atteints par des ouragans et des inondations. Cela fait partie de l'existence humaine. Mais ces tracas ne peuvent nous nuire si nous avons bâti notre maison sur le rocher, si notre habitation intérieure est construite d'une façon conforme à sa structure. Et dans le plan de construction d'une maison il est prévu, structurellement, de bonnes fondations. Celui qui construit sa maison sur le sable s'attire à lui-même des problèmes et peut alors aussi être victime de tempêtes si fortes que sa maison s'écroulera. La maison est toujours dans les rêves l'image de notre état de conscience. Quand notre maison s'écroule, cela signifie que ce que nous avons vécu jusqu'alors ne tient plus, que nous devons construire une nouvelle maison et bâtir notre vie sur un nouveau terrain. Celui qui vit de façon superficielle, qui n'a pas en mains sa vie intérieure, celui-là construit sa maison sur le sable et se fait ainsi mal à lui-même.

Matthieu conclut le Sermon sur la montagne par l'image de la maison construite sur le sable. Pour lui, celui qui a écouté et mis en pratique la parole de Jésus est l'homme intelligent qui a bâti sa maison sur le rocher. Un comportement droit est donc un terrain solide pour notre maison. En revanche, celui qui écoute les paroles de Jésus mais ne s'y conforme pas « est comme un homme insensé qui construit sa maison sur le sable » (Matthieu 7, 26). Le mot grec *moros* signifie au sens propre : stupide, abruti, insensé, imbécile, insipide. Celui donc qui, fade et sans saveur, vivote dans la morosité se blesse lui-même. Celui qui perçoit ce qui serait vraiment bon pour lui mais ne fait rien parce que cela serait inconfortable ou irait à l'encontre des attentes des autres, celui-là se nuit à lui-même. Ici, l'éthique chrétienne se trouve interprétée d'une façon toute nouvelle. Il ne s'agit pas d'être fidèle à des normes mais de vivre de telle manière que cela corresponde à notre nature. Celui qui vit à l'encontre de sa nature se blesse lui-même. Les paroles de Jésus veulent nous engager dans une vie qui nous fait du bien parce qu'elle correspond à notre nature. Pour Chrysostome, en dernier ressort, seul échappe au danger de se nuire à lui-même celui qui écoute les paroles de Jésus et les met en pratique.

II

Figures bibliques de la liberté

Dans mon traité sur « Les chemins de la liberté », j'ai déjà présenté l'enseignement biblique à ce sujet. Je voudrais ici m'arrêter sur trois passages des derniers livres du Nouveau Testament qui prolongent la réflexion de saint Jean Chrysostome. Il s'agit de textes qui, comme l'évêque de Constantinople, rejoignent les pensées du stoïcisme et de la philosophie grecque et ont pour objet de traduire le message chrétien dans le monde grec de la fin du Ier siècle. Le jugement de beaucoup d'exégètes et de théologiens sur la théologie de ces écrits, les lettres pastorales et les deux lettres de Pierre, est plutôt négatif. H. Köster traite les lettres pastorales de « Vente de la théologie paulinienne à un prix soldé pour motif de liquidation » (Oberlinner, XLVIII). Cependant, ces écrits tardifs du Nouveau Testament sont devenus pour moi d'importants témoins de la dimension mystique de la voie chrétienne. Ils ont une haute signification, précisément aujourd'hui, à une époque où nous cherchons à redécouvrir la mystique chrétienne et à mieux la comprendre en la mettant en dialogue avec celle de l'hindouisme ou du bouddhisme. Du fait que les lettres pastorales comme aussi les deux lettres de Pierre se proposent de faire connaître le message biblique dans le contexte de la culture grecque, il me semble justifié de les mettre en dialogue surtout avec la mystique. L'hellénisme, en effet, était imprégné de spiritualité mystique et en lui s'est déversé le patrimoine spirituel égyptien, oriental, grec et juif (voir Altaner 167). Il s'est imprégné des cultes à mystère et des pratiques mystiques qui autrefois ont déferlé de l'Orient sur l'Occident. C'est ainsi que ces écrits tardifs du Nouveau Testament peuvent nous aider à formuler de façon nouvelle la dimension mystique du message chrétien dans le dialogue avec les autres traditions religieuses et spirituelles. Ce faisant, ils nous aideront à répondre aux hommes d'aujourd'hui désireux de faire l'expérience de Dieu. À travers cela, il apparaîtra clairement que la voie mystique est aussi toujours la voie qui conduit à la liberté intérieure ; il se révélera que nous qui empruntons cette voie spirituelle, nous trouvons notre vrai Moi libéré des blessures infligées par les autres et des lésions provenant de notre Ego maladif.

C'est seulement quand j'ai lu les lettres pastorales et les deux lettres de Pierre à la lumière de la psychologie transpersonnelle que j'en ai tiré profit. À la suite de Ken Wilber, qui en est le représentant le plus significatif, je considère les trois textes que j'ai choisis comme des témoignages des trois itinéraires de la mystique. Le premier est celui de l'amour, magistralement décrit par Thérèse d'Avila. Nous sommes là dans le domaine de l'union personnelle avec Dieu ou Jésus-Christ. L'union à Dieu transforme l'être humain. Thérèse l'explique à l'aide de l'image du ver à soie. À travers l'union à Dieu, la chenille devient papillon : « Le moi meurt et l'âme fait saillie. » Pour moi, la Première Lettre de Pierre est le premier témoignage de cette transformation de l'être humain à travers l'expérience de l'amour du Christ et de l'union avec lui. La vie dans le Christ, comme le dit la Première Lettre de Pierre, nous libère de l'angoisse éprouvée à l'occasion des blessures qui nous sont infligées par les autres et des schèmes inconscients avec lesquels nous nous blessons nous-mêmes.

Le témoin du second itinéraire est Maître Eckhart. C'est la voie de la mystique de l'unité. Le moi grandit et découvre sa ressemblance avec Dieu. Maître Eckhart parle de rupture de la finitude pour rejoindre « l'origine infinie et incréée » (Wilber 371). Il ne craint pas d'écrire : « À travers cette rupture, je découvre que Dieu et moi nous sommes un » (371f). Il ne s'agit pas ici d'une rencontre amoureuse avec Dieu mais de l'expérience de notre conformité originaire avec lui. Si nous atteignons le fond de notre âme, nous y découvrons Dieu et notre vrai moi. À la lumière de cette mystique de l'unité, je voudrais interpréter la Lettre à Tite 2, 11-14. Je ne prétends pas, bien sûr, que ces quelques versets en renferment toute la théologie, mais ayant en toile de fond la mystique de l'unité, ils résonnent pour moi d'une façon nouvelle.

On pourrait décrire le troisième itinéraire mystique comme une expérience de pure présence. Pour Ken Wilber, la mystique à ce niveau est « simple sensation d'être, conscience ouverte sur le vide comme sur une brèche ou une lumière » (Wilber 379). L'homme reconnaît en toute chose la nature divine. Maître Eckhart exprime cela de cette façon : « Accueille Dieu en toute chose... car Dieu est en toute chose... car Dieu est Un... Toutes les choses seront pour toi une manifestation de Dieu » (Wilber 379). La deuxième Lettre de Pierre (2 Pierre, 1, 3-8) expose cette forme de mystique qui reconnaît Dieu en tout comme le fondement essentiel et découvre la nature divine dans les hommes et dans la création. Nous nous heurtons ici à la formulation particulière qui a déjà troublé beaucoup d'exégètes, à savoir que, par le Christ nous devenons participants de la nature divine.

Je voudrais d'une part présenter ces trois textes comme voies mystiques et d'autre part rechercher ce qu'ils apportent comme contribution à la question de l'auto-mutilation et de l'expérience de la liberté intérieure. Pour moi un chemin mystique est toujours un chemin thérapeutique. Cette voie mystique a cependant une autre dimension que le parcours psychologique normal qui nous met en face des blessures subies dans notre enfance afin de les assumer et de parvenir à la guérison. Le parcours mystique ne nous guérit pas de nos blessures, mais il nous conduit dans un domaine au-delà de nos blessures, dans l'espace intérieur de notre conscience qui ne peut être mutilé. Parce que, sur ce chemin, nous découvrons notre moi invulnérable, nous deviendrons vraiment libres. Plus je vais de l'extérieur vers l'intérieur, plus je deviens libre vis-à-vis du monde externe. Ce n'est pas un repli dans la pure intériorité mais un chemin pour se mettre en relation d'une façon nouvelle avec le monde extérieur, pour conserver sa liberté en toute occasion dans chaque rencontre avec les personnes et les choses ; c'est aussi un chemin pour s'engager passionnément au service de ce monde, fort de la liberté acquise. La liberté intérieure constitue les prémices nécessaires pour ne pas nous blesser nous-mêmes continuellement. Elle nous libère des vieux schèmes avec lesquels nous nous blessons, des fausses représentations que nous nous sommes faites de la réalité. Il ressort en effet des convictions issues de la Bible et de la philosophie stoïcienne que nos blessures proviennent justement des représentations que nous nous faisons des choses. La voie mystique a pour objectif l'union à Dieu et la liberté de l'homme, l'accession à lui-même de l'être humain, son auto-réalisation. Quand l'homme découvre la présence de Dieu en lui et devient un avec lui, il entre alors toujours plus en contact avec l'image originelle que Dieu s'est faite de lui-même en lui. S'il devient semblable à cette image initiale de Dieu, il parvient à la liberté et alors la réalité extérieure ne peut plus le blesser.

Qui vous fera du mal, si vous devenez défenseur du bien ?[1]

La Première Lettre de Pierre a probablement été écrite en l'an 90. L'auteur s'adresse aux chrétiens qu'il cherche à encourager et qu'il exhorte à la fermeté alors que, vivant dans un monde hostile, ils se trouvent dans une situation de plus en plus désastreuse. La question est alors de savoir comment parer au mal qui me touche de l'extérieur et que je ne puis éviter. L'auteur – il est difficile que ce soit Pierre – invite les chrétiens d'une part à accepter leur souffrance et en même temps, à travers leur communion au Christ, à conserver leur liberté intérieure face à la persécution. Un premier motif de consolation est fourni : il réside dans le fait que les chrétiens sont des pèlerins sur la terre et n'y ont pas de patrie (1 Pierre 2, 11). Une autre raison est donnée : pour pouvoir subjuguer la souffrance qui les frappe dans le milieu hostile où ils vivent, les chrétiens doivent avoir la certitude qu'ils souffrent avec le Christ et que finalement la méchanceté des hommes ne peut leur nuire, parce qu'ils sont dans le Christ. Ainsi l'auteur encourage-t-il ses lecteurs et lectrices : « Qui peut vous en vouloir si vous vous efforcez ardemment de faire le bien ? Mais si vous devez souffrir a cause de la justice, soyez (appelés) bienheureux. “Tout en ayant peur, ne craignez rien et ne vous laissez pas désarçonner”. Traitez saintement le Christ dans

1. 1 Pierre 3, 13 ; Traduction de David Stern.

vos coeurs, toujours prêts à répondre à quiconque vous demande de rendre compte de l'espérance qui est en vous, mais avec douceur, respect et bonne conscience. Ainsi ceux qui veulent dénigrer votre bonne conversion au Christ seront confondus par leurs infâmes calomnies » (1 Pierre 3, 13-16, Traduction de Brox).

Ici l'auteur semble faire allusion à la thèse stoïcienne selon laquelle la malice humaine ne peut nous blesser ou nous nuire, selon la traduction de David Stern. La raison pour laquelle les menaces ne peuvent nous faire peur vient tout simplement du fait que nous sommes fervents à faire le bien. Si nous avons en Dieu notre soutien, la persécution venant de l'extérieur ne peut nous nuire. On peut dire que la Première Lettre de Pierre indique que notre fondement spirituel est « Le Christ en nous ». Si nous traitons saintement le Christ dans nos coeurs, alors nous n'avons aucune crainte de ce qui fait peur aux autres. Nous ne nous laissons désarçonner par aucune puissance du monde. Même si les chrétiens ont à faire face aux menaces de leurs ennemis, ils éprouvent une liberté intérieure, car ils savent qu'ils portent le Christ dans leur coeur. Une autre raison de l'invulnérabilité des chrétiens est leur droiture de conscience. Nous trouvons ici le mot *syneidesis* qu'Épictète tient en haute estime. Il désigne le moi intérieur, le moi spirituel comme dirait la psychologie transpersonnelle. Qui vit de ce moi intérieur, qui vit en harmonie avec lui-même, ne peut finalement être touché par les attaques et les calomnies des autres. À la droiture de conscience, il convient encore d'ajouter que les chrétiens vivent leur vie dans le Christ. Ils sont immergés dans le Christ. Il y a en eux un espace comblé tout entier par lui. Les offenses provenant de l'extérieur n'ont pas accès à cette sphère intime.

L'expérience des destinataires de la Première Lettre de Pierre était la persécution, l'exposition à la méchanceté des hommes. Aujourd'hui, il arrive rarement que nous soyons persécutés à cause de notre foi. Par contre, il est à notre époque une expérience qui en fait souffrir beaucoup : celle d'être souvent aux prises avec une méchanceté inhumaine. Une femme me racontait la façon horrible dont s'était déroulée son enfance. Plusieurs hommes de sa propre famille avaient abusé d'elle sexuellement. Elle sentait peser sur elle une malédiction. Elle était née dans une obsession qui manifestement marquait sa famille depuis des générations. Dans des situations de ce genre, toute thérapie est vouée à l'échec. Je pouvais uniquement lui conseiller ceci : « Traiter saintement le Christ dans son coeur » et croire qu'il vivait en elle. Là où en elle vit le Christ, elle est sacrée, intègre et intacte. La méchanceté humaine ne peut lui nuire. Le mal n'a aucun pouvoir sur elle. Cette femme ne peut pratiquement pas « retoucher » ses terribles expériences de son enfance. Elle peut seulement croire qu'il existe en elle un espace où les blessures subies n'ont pas eu accès, un lieu inviolé. Elle peut faire habiter le Christ dans ces blessures qu'il pourra lentement guérir. Habituellement cela ne se fait pas d'un coup. Comme nous en avertit la lettre de Paul, tout en traitant saintement le Christ dans nos coeurs, tout en vivant de la grâce du Christ dans la disgrâce, la tempête se déchaîne en nous.

Ce verset de la première lettre de Paul me remet en mémoire le mot bien connu de sainte Thérèse d'Avila : « Rien ne doit provoquer en toi l'angoisse, rien ne doit t'effrayer, tout passe. Seul Dieu ne change pas. La patience obtient tout. Rien ne manque à qui possède Dieu. Dieu seul suffit. » Pour la grande mystique espagnole, l'expérience de Dieu nous conduit à la liberté intérieure. Si Dieu habite vraiment en nous, si nous atteignons Dieu dans son amour et que cela nous suffise, personne au monde ne pourra nous nuire. Nous n'avons, dans ce cas, aucune angoisse à avoir devant les blessures qui viennent de notre entourage ou de ceux qui entrent avec force dans notre univers. Un autre nous soutient. La voie mystique, telle qu'elle est comprise par Thérèse, est toujours la voie de la liberté, une voie qui nous met hors d'atteinte du pouvoir des hommes, qui nous emmène loin des blessures qui viennent de nous ou des autres. Mais cette invulnérabilité à laquelle nous conduit l'expérience de Dieu, n'est pas une cuirasse que nous endossons afin de ne pas être touchés. Il ne s'agit pas d'une insensibilité à la souffrance, mais d'une expérience d'amour. L'amour nous rend extrêmement vulnérables, mais cette vulnérabilité n'a rien à voir avec l'auto-mutilation. L'amour de Dieu peut être comme un bouclier contre la méchanceté de ceux qui cherchent à nous faire du mal. Cet amour est plus fort que toutes les menaces qui nous viennent de l'extérieur. Et si, rendus forts de cet amour, nous aimons ceux qui nous persécutent et nous blessent, alors nous découvrirons dans leur agir pervers les maladies dont ils souffrent eux-mêmes et qu'ils veulent reporter sur nous. Nous ne considérerons plus les blessures qu'ils nous infligent comme des offenses personnelles mais elles nous apparaîtront comme l'expression de leurs propres blessures. Si notre amour est assez fort, il pourra même être en mesure de guérir les plaies de ceux qui nous font du mal. L'amour du Christ, qui, en train de mourir, a encore aimé ceux qui le tuaient, avait en lui la force de guérir ses assassins.

Libération des schèmes du passé

Dans la Première Lettre de Pierre 3, 16 se trouvent une expression qui renverse l'ordre ordinaire des mots et qui signifie conversion de sa vie dans le Christ. Cette lettre oppose le changement de vie en Christ à « la vaine conduite héritée de vos pères » (1 Pierre 1, 18), dont le Christ nous a libérés. Ces paroles m'ont fortement interrogé ces derniers temps et dans l'accompagnement spirituel j'ai noté tout leur pouvoir d'interpellation : « Sachez que ce n'est par rien de corruptible, argent ou or, que vous avez été affranchis de la vaine conduite héritée de vos pères, mais par un sang précieux, comme d'un agneau sans reproche et sans tache, le Christ ». Heinrich Schlier traduit cette expression « vous avez été affranchis par le Christ » par « il vous a libéré d'un semblant de vie reçue, par tradition, de vos pères ». (Schlier 273) L'auteur considère la rédemption opérée par le

Christ comme une libération de l'insignifiance et du vide qui nous ont été transmis par nos pères. Cette vie est définie comme *mataios,* c'est-à-dire sans objectif, vaine, inutile. « Elle n'était pas ce qu'elle prétendait être. Ce n'était pas une vie habitée par un dynamisme puissant comme on le pense mais une vie conventionnelle, une vie absurde, une vie d'apparence et dans le même temps objectivement privée de sens - ceci est également contenu dans le terme *mataios* - parce que pleine d'illusion sur elle-même » (273). Nous nous sommes fait beaucoup d'idées fausses sur notre vie. Les hindous parlent de *maia,* d'apparence, d'illusion. La foi nous libère des illusions que nous nous sommes forgées, comme de croire, par exemple, que nous pouvons avoir tout ce que nous voudrions, que tout est réalisable, que la chance et le plaisir sont une marchandise que nous pouvons acheter.

La rédemption qui est l'oeuvre du Christ est une libération qui nous situe en vérité. Nous avons été guéris d'une vie d'ignorance (voir 1 Pierre 1,14), sortis d'un égarement, libérés des ténèbres. Heinrich Schlier s'arrête sur la vie quotidienne marquée par la sensualité et le démon et qui se déroule sur les bases d'un monde antique s'en allant en lambeaux. Il y voit « finalement la preuve que, pour les chrétiens, cette vie dans ses libertinages et ses arbitraires est sans fondement et se déroule hors de la vérité ». Cyril de Jérusalem qualifie de m*ataios* « les représentations théâtrales, les courses de chevaux et les parties de chasse » (Holz 226). Le monde ancien est fait d'apparence ; il brille seulement par ses aspects extérieurs, mais à l'intérieur il est théâtre et spectacle. Ce monde-là est, pour les chrétiens, un monde vide, creux et insignifiant. Ils se sentent libérés par le Christ de cette apparence de vérité.

Au lieu de se conformer au monde, les chrétiens doivent être dans le Christ (5.17). Ils sont des étrangers en ce monde dont ils ont été sortis pour être introduits, par la nouvelle naissance du baptême, dans le monde de Dieu. Ils sont devenus des rois, des hommes libres sur lesquels ce monde n'a pas de prise. Ils ont à devenir des hommes « modérés et sobres pour s'adonner à la prière » (4, 7). Cette vie animée par la prière et la grâce se caractérise « par l'absence d'illusions et de rêves, par un "réalisme" certainement non entendu comme un compromis opportuniste avec la soi-disant réalité ainsi qu'elle est comprise par l'esprit du temps, mais par le sens d'une vision radicale des choses qui ne se plie pas aux jugements préconçus et qui ne s'écarte pas non plus du droit chemin » (Schlier 294f). Ce qui fonde la liberté intérieure avec laquelle le chrétien vit dans ce monde sans en être dominé par lui, celle qui le rend libre par rapport aux faux modes de vie et aux illusions dont sont esclaves ses concitoyens est le sacrifice du Christ mort et ressuscité. Le sang précieux de Jésus lui montre l'amour dont le Christ l'a aimé jusqu'à la fin et qui l'a amené à se sacrifier librement pour nous.

À travers ces expressions de la Première Lettre de Pierre, nous pouvons découvrir le langage de la mystique de l'amour. Parce que le Christ nous a aimés jusqu'à ce point, notre vie devient toute nouvelle, nous sommes nés de nouveau, nous devenons libres par rapport à la domination de ce monde, nous sommes libérés « des modes de vie absurdes hérités de nos pères ». L'amour de Dieu, qui s'est révélé à nous dans sa plus grande clarté à travers le sacrifice du Christ sur la croix, nous transforme. Il nous libère du poids du passé. Nous ne sommes plus simplement le produit de notre propre histoire. Nous ne sommes plus condamnés à reproduire ce que nous avons reçu de nos parents. Si nous gardons le regard fixé sur l'amour du Christ, nous nous libérons des liens que sont les schèmes de notre passé. Les premiers chrétiens ont fait de toute évidence l'expérience que l'amour du Christ, devenu visible dans son sang précieux répandu sur la croix, les libérait de cette apparence de vie qu'ils avaient jusqu'alors en commun avec ceux de leur milieu. Cet amour du Christ leur ouvrait de nouvelles possibilités. Ils n'étaient plus liés à de vieux modes de vie reçus de leurs ancêtres.

Thérèse d'Avila a fait l'expérience que l'amour du Christ la libérait de ses vieilles peurs et de ses soucis. Pour cette raison, elle ne s'inquiétait plus de savoir si tout ce qu'elle entreprenait était juste ou non. Elle ne se préoccupait plus de ce que les autres pouvaient penser d'elle. L'expérience de l'amour du Christ la plongeait dans une paix et une liberté intérieures profondes. Un jour de fête, alors qu'elle était immergée dans la prière, elle a vu le Christ se tenant debout tout près d'elle et l'a entendu lui parler : « Dès que le Seigneur, par un seul mot, m'a apaisée, je me suis trouvée, comme d'habitude, dans une situation de grand calme et de confiance, sans éprouver la moindre crainte.

C'était comme si Jésus se tenait toujours à côté de moi... Je n'ai pas vu son visage, mais j'ai eu clairement conscience qu'il marchait à tout moment à ma droite et qu'il était témoin de mes actions et de mes omissions. Dès que je me recueillais un peu en moi-même ou quand je n'étais pas trop distraite, j'avais la certitude qu'il se trouvait près de moi ». L'expérience de la proximité amoureuse du Christ peut également nous libérer des schèmes du passé dont nous sommes habituellement imprégnés. Le Christ nous délivre et nous fait vivre en vérité. Quand il est chez nous, nous apprécions la réalité à sa juste valeur et nous cessons de l'assombrir par nos vieux modes de vie.

Beaucoup sont conditionnés par les schèmes de vie qu'ils ont reçus de leurs parents ou de leurs ancêtres. Ils croient vivre en toute liberté, mais en fait ils suivent inconsciemment des modèles acquis des parents. La psychologie nous aide à identifier ces modèles. Le psychologue transpersonnel Fadiman définit ces drames de la personnalité comme des « modèles de comportement répétés de façon stéréotypée et de ce fait prévisibles » (Fadiman 196). Il pense qu'il est du devoir de la thérapeutique de « faire prendre de la distance par rapport à ses propres drames » (196). Pour la Première Lettre de Pierre, l'expérience de l'amour du Christ peut nous libérer de tels modèles de comportements hérités de nos ancêtres et des drames personnels qui en découlent.

Des exemples peuvent montrer que ce message est d'actualité aujourd'hui encore. Je connais une personne qui éprouvait sans cesse un sentiment de culpabilité. Quand quelque chose n'allait pas, elle n'en recherchait pas les causes, mais elle s'en attribuait la responsabilité : c'était toujours comme cela pour elle, parce qu'elle faisait tout de travers. Et cela se retrouvait dans toutes ses entreprises et ses relations. Si une amie lui faisait le reproche de ne pas lui consacrer suffisamment de temps, elle acceptait la réprimande, donnant aussitôt comme excuse de ne pas y arriver à cause de tout ce qu'elle avait à faire. Il ne lui venait absolument pas à l'esprit que ces reproches pouvaient être l'expression d'un désir de cette amie de profiter d'elle. Elle n'osait pas non plus prendre au sérieux les sentiments d'agressivité qu'elle éprouvait envers son amie. Ceux-ci n'auraient même pas dû exister. Il apparut clairement dans un échange avec elle, qu'elle se comportait suivant un modèle hérité de sa mère. Celle-ci décidait toujours ce qui était bon ou mauvais pour sa fille. Elle avait toujours raison. Les erreurs étaient toujours imputables à la méchanceté ou à la paresse de la fille. Ce modèle la poursuivait continuellement de façon inconsciente et conditionnait le comportement de cette femme qui avait atteint l'âge adulte depuis déjà longtemps. Cette personne était pieuse et voulait vivre consciemment en conformité avec le Christ. Dans un premier temps, il lui sembla curieux que la rencontre avec le Christ puisse aussi signifier la libération de faux modèles de vie. Cependant, dans la première lettre de Paul, nous lisons que suivre le Christ signifie aussi reconnaître l'absurdité des modèles hérités de nos pères et mères. Le regard fixé sur le Christ qui s'est sacrifié pour moi, qui est mort pour moi sur la croix parce que je suis important pour lui, peut me libérer des modèles ancestraux absurdes et qui rendent malades.

Quand dans l'accompagnement spirituel personnel je donne à méditer le texte de la Première Lettre de Pierre 1,18f, beaucoup découvrent ce qui a marqué leur vie jusqu'à ce moment. Ils ont souvent lutté contre leurs erreurs mais n'en sont pas venus à bout. Et ils sont retombés sans cesse dans les mêmes pièges. La méditation de ce texte biblique les aide à découvrir les causes de leur comportement, à reconnaître les trappes dans lesquelles ils sont tombés, à prendre conscience de « l'absurde conduite héritée des pères ». Je me souviens d'une religieuse qui, depuis sa plus tendre enfance, n'avait jamais réussi à trouver sa place en famille, parce que sa mère trouvait continuellement à redire sur son comportement. Elle se sentait donc obligée de faire attention pour ne pas lui être à charge. Elle ne pouvait pas suivre ses propres sentiments, mais faisait tous les efforts nécessaires pour que sa conduite plaise à sa mère, que celle-ci ne s'inquiète pas ou ne laisse exploser sa colère. Dans sa congrégation, elle avait trouvé une communauté qui était pour elle un havre de paix. Elle s'y investit avec toutes les forces dont elle disposait, mais chaque fois qu'une jeune religieuse mettait quelque chose en question dans la communauté, elle réagissait avec une vraie panique. Elle était dure dans ses reproches envers les jeunes soeurs qui avaient de telles attitudes. Elle se dit un jour qu'elle devrait être plus vigilante pour tenir sa colère sous contrôle.

Elle reconnaît maintenant qu'il s'agissait avant tout d'analyser le style de vie hérité de sa mère et de s'en libérer. Dans son enfance, elle avait survécu en agissant toujours de façon droite afin de freiner ainsi l'agressivité de sa mère. Maintenant, cette religieuse a réussi, après y avoir mis toutes ses énergies, à être estimée de sa communauté. Celle-ci est devenue sa patrie dans laquelle elle s'investit de toutes ses forces, mais dont elle a aussi besoin pour pouvoir réprimer ses peurs de se retrouver seule et sans terre. Encore maintenant, quand une religieuse cherche à créer autour d'elle un espace de liberté, la peur affleure son inconscient et se traduit chez elle par une certaine panique. C'est seulement quand nous examinons ces mécanismes que nous pouvons prendre nos distances par rapport à eux et apprendre lentement à réagir autrement face à la critique et la mise en question dont nous sommes l'objet. Certains penseront que ceci est un jugement purement psychologique, mais pour moi il est intéressant de constater que beaucoup repoussent ces mécanismes psychiques en s'appuyant sur des textes bibliques. Le regard tourné vers le Christ qui s'est sacrifié pour moi et qui, par son sacrifice, m'a libéré par amour de « l'absurde conduite héritée des pères » m'encourage à découvrir et à examiner les modèles qui m'empêchent de vivre.

La méditation de textes de ce genre peut certainement agir de façon thérapeutique. Mais il est essentiel que je découvre le lien entre ces textes bibliques et ma vie concrète. Si je les interprète de façon moralisante, ils finiront par exiger trop de moi et je m'enfermerai dans cette idée que je dois changer en tout et m'améliorer. Je ne me rendrai absolument pas compte que, raisonnant ainsi, je suis encore une fois les anciens modèles, hérités des pères, modèles selon lesquels je fais tout de travers. Je continue alors à penser que je dois donc tout réformer en moi pour pouvoir être vraiment chrétien.

Dans une rencontre avec des jeunes, je méditais le verset 18 du chapitre premier de la première Lettre de Pierre et parlais des styles de vie hérités de nos pères et mères. Beaucoup se sentirent concernés. Ils racontèrent de quelle façon ils en avaient souffert. Et leur question était la suivante : comment est-il possible de s'en libérer ? Beaucoup avaient repéré le modèle qui les concernait mais avaient l'impression d'y retomber sans cesse. Une femme, par peur des coups que lui infligeaient ses parents, avait imaginé de se sous-estimer et s'était mise en tête qu'elle était incapable de bien faire. Elle avait réussi ainsi à éviter les coups. Mais, de cette façon, elle s'est fait du mal : il a fallu qu'elle se punisse elle-même pour éviter une punition qu'elle redoutait. C'était le modèle que, dans son enfance, elle avait utilisé pour survivre. Aujourd'hui adulte, elle en souffre et a bien conscience de se détruire. Un homme avait toujours été considéré comme un bon à rien par son père autoritaire. Une fois marié, il se conformait en tout aux désirs de sa femme, tellement il avait peur de se tromper ; il n'avait aucune confiance dans son propre jugement qui l'incitait parfois à tenir compte de ses idées et à s'opposer à sa partenaire quand celle-ci se moquait de lui et le traitait comme le faisait son père. Une jeune femme avait opté pour le modèle dépressif selon lequel vivait sa mère. Connaissant de fortes tensions dans sa relation avec son ami, elle s'en rendait elle-même responsable et avait l'impression de lui être un poids. Elle adopta alors le point de vue de sa mère, à savoir qu'elle n'avait pas de raison d'être déprimée, mais qu'elle n'était tout simplement pas de taille à affronter la vie. Au lieu de rechercher ce qui engendrait chez elle cette tristesse, elle sombrait de plus en plus dans la neurasthénie. Une autre jeune femme ne savait jamais, lorsqu'elle était plus jeune, ce qu'elle devait faire. Elle n'arrivait pas à la cheville de sa grande soeur. Sa profonde insécurité la portait à se demander en toute occasion si ce qu'elle faisait était juste. Cette préoccupation l'a handicapée. Alors qu'elle voulait bien faire en tout, elle faisait tout de travers. Elle voulait accomplir la volonté de Dieu, mais elle a toujours agi selon le modèle de son enfance qu'elle a toujours vécue comme un « drame de la personnalité ».

La question est de savoir comment se libérer de ces schèmes destructeurs et qui n'ont pas de sens. Le premier pas à faire est de prendre connaissance de leur existence. Il est tragique, en effet de voir quelqu'un considérer comme vertu son ardeur au travail, s'engager pour les autres jusqu'à épuisement, trouver du temps pour eux et pas un instant pour lui-même. En réalité, ce comportement vient du modèle qui a comme base le besoin de démontrer sa propre valeur : il faut prouver à sa mère combien on est indispensable, il faut apporter la preuve qu'on a assimilé comme doctrine le fait de se sacrifier pour sa famille. Beaucoup prennent leur modèle pour la volonté de Dieu. En réalité, ce n'est pas la volonté de Dieu, mais un modèle hérité des pères. Le reconnaître fait souffrir, mais cela ne signifie pas encore que l'on s'en est libéré. Au moins cela a l'avantage de nous faire prendre déjà une certaine distance par rapport à ce modèle. Si je n'arrive pas à le repérer, il me fera souffrir toujours plus sans que je m'en rende compte. Je me sentirai frustré d'une façon ou d'une autre, mais viendra un moment où il sera trop tard pour pouvoir m'en libérer. Le deuxième pas à faire serait de se réconcilier avec ce modèle. Il a étouffé ma vie et je ne pourrai pas m'en libérer d'un jour à l'autre ; il n'a pas seulement un côté négatif : à un certain moment, il a eu son sens et m'a aidé à survivre, mais aujourd'hui, c'est vrai, il présente pour moi un obstacle. Si je me réconcilie avec lui, alors je pourrai toujours prendre mes distances par rapport à lui. Pour cela, j'ai besoin aussi d'avoir de l'humour. Je salue mon modèle, lui disant : « Ah, te voilà encore ici. Je te connais bien. Tâche de rester tranquille. Mais il faut que tu saches qu'aujourd'hui je ne vais pas tenir compte de toi. Je n'ai en aucune façon besoin de toi ». Nos modèles continueront à faire sentir leur présence. Beaucoup s'en irritent et voudraient s'en libérer par la force. Mais plus ils luttent de front contre eux, plus ils en ressortent imprégnés. Il faut que j'accepte mon schème de vie. C'est alors que je pourrai prendre mes distances par rapport à lui et ainsi le relativiser. Un jour ou l'autre, je me rendrai compte qu'il n'a plus d'emprise sur moi. Il continuera vraisemblablement à se présenter à moi mais je n'en serai plus esclave. Il s'agit là d'un mouvement en forme de spirale. Nous revenons sans cesse au point de départ de notre développement, mais à chaque fois nous nous élevons.

Avec les vieux modèles hérités de nos pères, nous nous blessons nous-mêmes. Nous ne vivons pas de la manière qui serait la bonne pour nous, mais nous sommes marqués par une conception de la vie absurde et vide de sens. Beaucoup de modèles sont proprement auto-destructeurs. Ils nous résistent, nous enlèvent notre liberté intérieure, font de nous des esclaves. Nous tombons sans cesse dans les mêmes ornières, car nous ne voyons pas combien nos critères n'ont ni fondement ni signification. La rencontre avec le Christ peut nous conduire à un comportement qui correspondra à notre personne. Elle nous libérera du pouvoir des vieux modèles et du moi supérieur qui assez souvent nous enchaîne. Celui qui parvient à déchiffrer ces modèles peut confirmer ce que Chrysostome a toujours souligné dans ses prédications : Celui qui ne se blesse pas lui-même ne peut être blessé par personne d'autre. Nous nous ferons nous-mêmes du mal, nous traînerons derrière nous les blessures de notre enfance si nous ne nous laissons pas délivrer des « modèles sans signification hérités de nos pères ».

Vivre dans la sobriété, la justice et la paix (Lettre à Tite)

La Lettre à Tite interprète l'action de la grâce qui nous est apparue en Jésus-Christ dans le sens de la Première Lettre de Pierre. Elle aussi considère la rédemption comme une libération des vieux schèmes sans signification. Cette lettre a été certainement écrite autour de l'année cent. L'objectif de son auteur n'est pas seulement d'assurer la formation du responsable de communauté pour qu'il puisse assumer ses responsabilités ; il désire aussi, à la fin du premier siècle, formuler de façon nouvelle l'enseignement de Paul. Cette lettre traduit le message de libération énoncé par Paul dans un langage assimilable par l'hellénisme : « La grâce de Dieu, source de salut pour tous les hommes, s'est manifestée, nous enseignant à renoncer à l'impiété et aux convoitises de ce monde, pour vivre en ce siècle présent dans la réserve, la justice et la piété, attendant la bienheureuse espérance et l'Apparition de la gloire de notre grand Dieu et Sauveur, le Christ Jésus qui s'est livré pour nous afin de nous racheter de toute iniquité ("afin de nous délivrer des blessures de la Torah", traduit David Stern) et de purifier un peuple qui lui appartienne en propre, zélé pour les belles oeuvres » (Tite 2, 11-14).

Pour décrire la liberté chrétienne, sont utilisées dans ce texte des expressions largement répandues dans le monde grec. Nous y trouvons le mot *épiphanie* qui était d'une grande importance dans le culte romain envers l'empereur. Quand celui-ci se rendait en visite dans une cité de la province, on parlait d'épiphanie, d'apparition de l'empereur et cette épiphanie apportait avec elle une baisse des impôts et permettait à la ville en question d'obtenir d'autres avantages, comme par exemple la construction de routes ou celle d'un théâtre. Dans la personne du Christ, s'est rendue visible la grâce de Dieu, son don plein d'amour aux hommes. Le but de cette épiphanie était le salut des hommes, un salut qui ne consistait pas à les affranchir d'impôts ou à les mettre à l'abri de mesures étatiques contraignantes comme pouvait le faire l'empereur, mais à les soustraire à une vie d'apparence et à un manque de liberté. La grâce de Dieu a un effet pédagogique ; elle nous enseigne à vivre dans la vérité et nous initie à l'art d'une vie saine ; elle construit et façonne en nous des hommes selon la volonté de Dieu, des hommes véritables. C'est pourquoi la Lettre à Tite peut dire aussi : « nous apparurent la bonté de Dieu et son amour pour les hommes (*humanitas*) » (Tite 3, 4). Dans le Christ, l'image de la créature humaine véritable devient visible. En lui se manifeste à nous l'humanité selon le dessein de Dieu. Pour Peter Wust, un philosophe chrétien qui a eu beaucoup à souffrir sous le nazisme, cette expression "manifestation de l'humanité de Dieu en Jésus-Christ" constitue la phrase centrale de la Bible. Il en a fait ses paroles d'adieu à ses élèves sur son lit de mort.

Correspondre à l'image que Dieu s'est fait de nous se réalise d'abord à travers le refus, l'abandon, l'effort pour se libérer de l'impiété et des désirs mondains. À l'aide de ces deux concepts, l'auteur de la Lettre à Tite décrit la situation du monde d'alors. Les hommes vivent comme s'il n'y avait pas de Dieu. Ils ne se préoccupent pas de savoir ce que Dieu attend d'eux. Leur conduite est celle des païens, sans loi, sans souci de la justice et sans repères. Ils sont dominés par leurs désirs (*epithymiai).* Pour les stoïciens, les désirs étaient un concept important ; ils désignaient l'homme sans liberté et étaient la conséquence de fausses représentations que l'on se faisait de la réalité. De tels désirs se traduisent pour Épictète par la colère et les conflits. Les personnes sont conditionnées par leurs passions et n'ont plus la clarté d'esprit qui va leur permettre un jugement droit. Elles vont à la dérive. Ces désirs sont qualifiés de mondains, car ils regardent seulement les choses terrestres, la possession de biens, le boire et le manger, la satisfaction des besoins sexuels. Intempérance, impureté et avidité, voici les trois convoitises de l'humanité, selon *Evagrius Ponticus*.

L'apparition du salut en Jésus-Christ nous a libérés de cette conduite impie et vaine et de l'esclavage des instincts. Le chrétien est un homme libre qui prend personnellement sa vie en mains et ne se laisse pas guider par ses passions. L'épiphanie de l'amour, qui nous est donné par Dieu en Jésus-Christ, l'éduque à une vie de ce genre. Plus tard, Clément d'Alexandrie a développé cette idée de la rédemption réalisée par Jésus-Christ, lorsqu'il a qualifié Jésus de pédagogue, *paidagogos,* de formateur qui enseigne au chrétien à devenir un gnostique, un homme libre, vivant conformément à sa nature et qui unit la sagesse de la philosophie grecque à la foi en Dieu, créateur du monde et Père de Jésus-Christ.

La Lettre à Tite décrit au moyen de trois vocables ce qu'est la liberté chrétienne : c'est vivre dans ce monde avec sobriété, justice et piété. Nous trouvons de nouveau les trois concepts fondamentaux de la philosophie grecque : *sophron,* mot qui vient de *saos phrenes* et qui signifie avoir un esprit droit, se faire une saine représentation du monde. Normalement ce mot signifie : être intelligent dans le sens de raisonnable, modéré, honnête, vertueux, mais il peut aussi vouloir dire : penser intelligemment c'est-à-dire sans illusion (voir Luck 1094). La sobriété sera alors la juste perception de la réalité, la vision de cette réalité telle qu'elle est, sans se faire de fausses opinions à son sujet (*dogmata*). Dans la philosophie stoïcienne, la sobriété est une des vertus cardinales. Etre sobre signifie vivre en conformité avec sa nature profonde, ne pas se laisser dominer par les choses de ce monde, car on a trouvé avec elles un juste rapport.

La seconde attitude est la justice. Le chrétien vivra selon la justice (*dikaios*), c'est-à-dire qu'il respectera les lois de l'État et surtout qu'il observera les commandements de Dieu. Il vivra de façon juste, c'est-à-dire conformément à sa propre nature. Il mènera sa vie de façon telle qu'il ne se fera pas de mal ni de tort et qu'il ne détruira pas son ordre intérieur. Pour Épictète, la justice consiste à vivre en syntonie avec l'ordre intérieur de son esprit, à être en harmonie avec soi-même. Dans la prédication de Chrysostome, se faire du mal à soi-même est toujours qualifié de *adikoun*[2]. Celui qui ne tient pas compte de sa propre nature se détruit et retombe sans cesse dans l'auto-destruction. La justice, dans la philosophie stoïcienne, ne s'applique pas seulement à la personne en tant que telle mais elle concerne aussi tous les autres. Vit selon la justice celui qui la pratique envers les autres, qui tient compte de leurs légitimes exigences, respecte leur liberté et leur accorde ce qui leur est dû.

Le troisième comportement caractéristique du chrétien est la piété (*eusebos*). *Eusebeia* décrit la relation avec Dieu. C'est seulement en donnant à Dieu ce qui est à Dieu que nous pouvons vivre en hommes libres. La relation à Dieu nous soustrait au tourbillon de la corruption que les chrétiens des premières générations rencontraient sur leur route. Etre pieux signifie aussi considérer toutes choses à partir de Dieu, les voir comme Dieu les voit. Si je regarde la réalité dans la lumière de Dieu, je ne peux plus me faire illusion par rapport à elle. C'est alors que les choses comme la propriété et l'apparence n'auront plus d'importance. Et si je vois les choses de façon juste, je peux vivre aussi de façon juste. La piété n'est plus alors considérée comme une oeuvre de l'homme ; elle est une attitude correspondant à sa nature, concernant son être car elle est vue et vécue en Dieu.

Cette vie dans la liberté fait naître l'espérance et mène à la perfection. La vie terrestre n'est pas

2. *Adikoun :* inique (NdT).

tout. C'est seulement lorsque j'espère qu'au jour où il apparaîtra dans sa gloire, Dieu réalisera toutes mes aspirations que je vis en accord avec la réalité, de façon réaliste. La grâce de Dieu n'est pas apparue seulement dans l'histoire. La véritable épiphanie aura lieu à la fin des temps, quand le Christ, notre Sauveur, resplendira dans toute sa magnificence et se rendra visible à tous. Seul celui qui vit dans cette espérance vit de façon libre. Ici, on a trouvé un mot intéressant pour qualifier l'espérance : on la dit *makarios*, bienheureuse. Celui qui vit dans l'espérance bienheureuse de l'apparition du Christ ne s'agrippera pas fébrilement aux biens terrestres et ne sera pas mené par ses désirs. Il sera véritablement libre. Cette liberté du chrétien est alors décrite à l'aide de deux expressions. Nous trouvons d'abord l'indication du salut par Jésus-Christ, qui s'est donné lui-même pour nous racheter de toute iniquité. Il nous a délivrés de l'état de hors-la-loi (*anomia*, traduit par faute dans la traduction oecuménique), situation largement diffusée dans le monde d'alors et encore aujourd'hui fortement présente. Il nous a purifiés, faisant de nous un peuple qui lui appartient. Il nous a renouvelés, nous façonnant comme créatures qui appartiennent à Dieu. Et le signe de cette appartenance à Dieu est notre ardeur pour le bien. Une nouvelle manière d'agir est le signe distinctif de la liberté chrétienne : le zèle pour les oeuvres de charité.

Si nous interprétons ces affirmations de la Lettre à Tite en ayant en arrière-plan la philosophie stoïcienne et les traduisons dans le contexte qui est le nôtre, il apparaîtra alors clairement que l'aptitude à vivre de façon droite, en conformité avec sa propre nature et dans la dignité fait partie essentiellement de la vie chrétienne. Comme condition de cette vie de liberté, nous trouvons la sobriété, la justice et la piété. Le chrétien a une idée juste du monde et peut donc vivre en harmonie avec lui et avec Dieu et en symphonie avec la structure intérieure de son âme. Ce que la philosophie stoïcienne attend de l'homme, à savoir qu'il soit intérieurement libre, le chrétien l'apprend en regardant Jésus-Christ. La grâce de Dieu, l'amour de Dieu manifesté en Jésus-Christ, façonne le chrétien faisant de lui un homme vivant dans la liberté et la sobriété de sorte qu'il ne se blesse pas lui-même et en éprouve un bien.

La Lettre à Tite et la voie mystique

Les affirmations contenues dans la Lettre à Tite pourraient être comparées à la vision mystique du monde que nous trouvons chez Maître Eckhart. Celui-ci parle de traverser le mur de la finitude pour déboucher dans le domaine de l'origine infinie et increéée. Nous voyons la réalité d'une manière juste seulement si nous la considérons dans sa relation à Dieu. Etre sobre pourrait aussi vouloir dire regarder cette réalité sans égoïsme, se situer de façon juste par rapport à elle sans la confondre avec mon moi. En effet, notre regard sur le monde est très souvent obscurci par notre moi. Au lieu de voir les choses de façon égocentrique, nous devons, selon Maître Eckhart, ne pas être « mariés avec notre volonté propre ». « Tu dois échapper complètement à ton désir d'être toi et te fondre dans ton être » (Wilber 372). C'est seulement si nous vivons sobrement et dans la justice, si nous sommes libérés de tout égocentrisme, que nous pourrons être justes envers nous-mêmes et par rapport au monde et vivre sans nous faire du mal. La voie mystique est une prise de conscience de la réalité. Cette prise de conscience nous libère des mécanismes d'auto-destruction et d'auto-mutilation. Selon la Lettre à Tite, la grâce de Dieu éduque en nous cette façon de voir exempte de tout égocentrisme ; elle nous établit dans une relation objective avec les réalités et avec nous-mêmes ; elle nous engage dans une vie entièrement centrée sur Dieu. Sa grâce nous met en harmonie avec nous-mêmes et avec le monde. En dernière analyse, c'est un parcours mystique que voudrait nous faire accomplir la Lettre à Tite, parcours qui a comme arrière fond l'univers spirituel grec. De toute façon, le sens des affirmations de cette lettre s'est révélé à moi de façon nouvelle quand j'ai commencé à les interpréter dans un langage aussi bien thérapeutique que mystique.

L'apparition de la grâce

Il ne suffit pas de considérer les affirmations de la Lettre à Tite comme des thèses que nous devons tout simplement accepter. Comment se réalise cette formation à une vie droite et libre ? La Lettre à Tite utilise l'image d'épiphanie, d'apparition, très familière aux hommes d'autrefois et qui, je pense, est compréhensible aussi à ceux d'aujourd'hui. Quand un homme d'État se rend en visite dans une ville de province sans grand renom, apparaissent alors des attentes particulières. Il a, lui, la possibilité d'accorder ce que moi personnellement avec mes malheureuses requêtes je n'arrive pas à obtenir. Quand Dieu apparaît visiblement en Jésus-Christ et quand il se manifeste dans sa grâce, dans le don plein d'amour qu'il fait de lui-même, les fausses représentations que nous avons de nous-mêmes peuvent crever comme des bulles de savon. Voilà que se dissipe d'un seul coup l'impression que nous ne valons rien, que personne ne nous prête attention, que nous faisons tout de travers, qu'il est absurde et sans intérêt de s'engager. Nous découvrons au contraire que nous avons de la valeur. Ce Dieu apparaît chez moi avec sa grâce, là où je vis et habite. Il apparaît dans ma ville, dans ma vie quotidienne. Tout va être imprégné de la libéralité amoureuse de Dieu, comme une ville se pare pour la visite d'un hôte de marque. Ma vie quotidienne tout entière change d'aspect si je crois que Dieu la visite avec tendresse, que son amour en illumine tous les secteurs, qu'il parcourt toutes les ruelles de mon âme pour les illuminer de la clarté de son amour. Prennent fin alors les lamentations selon lesquelles il n'est pas possible de vivre dans ma ville car elle est sans renom, rien d'autre qu'une simple localité de province qui n'intéresse personne, pauvre et insalubre qu'elle est. Prennent fin également les lamentations sur mon infériorité. Ma personne est si importante que Dieu se manifeste à moi avec tout son amour, qu'il parcourt les rues de ma ville intérieure et que partout où il se rend il montre sa bienveillance et manifeste son accord. Il n'est alors plus rien en moi qui ne se trouve touché par l'amour de Dieu, qui soit exclu sans condition de son estime. Ma méditation sur cette image de la Lettre à Tite peut faire crouler ces fausses idées que j'ai de moi-même et je peux finalement vivre avec sobriété, c'est-à-dire avec une juste représentation de moi-même et de ce que je suis devenu. Je ne serai plus porté alors à me surévaluer ou à me sous-estimer. Je me rendrai justice au lieu de continuer à me détruire sans motif raisonnable. Je vivrai en harmonie avec moi-même, je me traiterai d'une bonne façon.

Sobriété

L'Épiphanie de la grâce salvifique de Dieu en Jésus-Christ nous éduque à la sobriété, terme que nous pourrions traduire aujourd'hui par ce que la psychologie transpersonnelle appelle conscience. C'est la reconnaissance de la véritable réalité, la vie consciente dans l'instant présent et l'engagement total dans celui-ci. « Il arrive rarement à la majorité d'entre nous d'être présents avec toutes nos potentialités. Notre attitude normale pourrait souvent être comparée à celle d'un “somnambule” ou d'un “rêveur aux yeux ouverts”. Être en état d'éveil est seulement une situation passagère et occasionnelle, mais c'est la seule qui nous donne d'avoir un véritable pouvoir sur notre vie » (Bugental 215). Pour le psychologue américain Bugental, la véritable libération de l'homme tient dans le fait que celui-ci entre en rapport avec sa patrie intérieure. La psychologie transpersonnelle conçoit son rôle comme étant celui de déblayer le terrain d'expérience de notre patrie intérieure. Bugental est convaincu « qu'une grande partie de nos soucis et de nos manques est à attribuer au fait que nous vivons comme des expatriés. Nous sommes chassés de notre patrie, expulsés du monde intérieur de nos expériences subjectives » (216). C'est seulement quand nous aurons retrouvé notre patrie intérieure que nous aurons aussi « accès à une participation vraiment créative à la vie » (217). Bugental pense que celui qui a fait l'expérience de sa patrie intérieure voit avec beaucoup de tristesse « combien sont vains les efforts prodigieux de tant d'hommes pour devenir ce qu'ils croient devoir être. Leurs aspirations à une vie de relation authentique semblent sombrer dans le désespoir ; leur espérance et leur activité pleine de dévouement sont en grande partie illusoires, parce que manque la conscience » (217).

Les premiers chrétiens ont certainement fait une expérience semblable à celle de Bugental. Regardant Jésus-Christ et étant témoins de l'apparition en lui de la grâce divine, ils ont pris conscience que la majeure partie de l'humanité vivait en marge de la vie et courait après des illusions de toutes sortes. Cette humanité est composée de somnambules qui vivotent, laissant se dérouler derrière eux leur existence. C'est pourquoi l'éducation à la sobriété, à une conscience éveillée, à la vigilance, à la sagesse, toutes ces vertus que le monde reconnaît comme venant de Dieu, était un parcours important pour conquérir la dignité et la liberté humaine. Le regard fixé sur Jésus-Christ, l'auteur de la Lettre à Tite a compris que la course au plaisir dont était empreinte la société romaine n'était pas une vie véritable, mais seulement apparence de vie. Le chrétien qui vit dans la sobriété vit de façon consciente. Son regard pénètre les profondeurs. Il regarde les fondements du monde et voit en Jésus-Christ une autre manière de vivre, l'art d'une vie véritable, consciente, éveillée, une vie à laquelle on est totalement présent. Celui qui vit ainsi de façon consciente, qui est en contact avec la réalité divine est libre par rapport aux attentes du monde. Il n'a plus à accomplir d'efforts surhumains pour être aimé de tous, pour se comporter selon le modèle qu'il croit que la société lui a assigné.

Justice

Nous pouvons penser que « vivre selon la justice » tel que l'entend Épictète est ne pas se faire de mal, ne pas se causer de dommages, ne pas aller à contre courant de son ordre intérieur. Nous en trouvons alors une confirmation dans la psychologie transpersonnelle. Pour Bugental, il s'agit de vivre en harmonie avec notre nature humaine et avec la réalité. Ceci nous conduit à une liberté intérieure à l'égard de tout ce dont les autres se préoccupent et à l'égard de tout ce pour quoi ils se donnent bien du mal. Celui qui vit à contre courant de sa propre nature se blesse lui-même, devient victime de lui-même. « Tous nos efforts seront vains tant que nous n'accepterons pas notre nature personnelle et que nous ne reconnaîtrons pas que nous sommes les auteurs et non les victimes de notre destin » (218). Beaucoup désirent améliorer leur situation en se procurant une quantité toujours plus importante de biens, en recherchant le luxe, en gagnant toujours plus afin de pouvoir se permettre plus. Mais aussi longtemps qu'ils agissent ainsi en allant contre leur nature, « ils agissent immanquablement contre eux-mêmes » (218), ils se blessent. La fougue avec laquelle aujourd'hui tant d'hommes se dépensent pour prendre leur place dans la société et y jouer un rôle se termine souvent mal. À quoi sert-il en effet d'être reconnu dans la société mais de vivre sans tenir compte de notre nature ? Ici la psychologie transpersonnelle confirme ce que disait Jésus : « Que sert à l'homme de gagner le monde entier, s'il ruine sa propre vie ? » (Marc 8, 36). La traduction de la *Vulgate* est la suivante : « S'il cause des dommages à son âme ». Celui qui, ne tenant pas compte de sa nature, cherche son salut dans les choses extérieures, se cause à lui-même des dommages, se blesse.

Mais il ne s'agit pas seulement du cumul des biens. Beaucoup se dépensent durant toute leur vie dans le seul but d'obtenir des autres un peu d'attention. Ils font tout ce que les autres, à leur avis, attendent d'eux. Ils se sacrifient pour les autres afin d'obtenir d'eux un mot de reconnaissance. Ils croient faire bien ainsi. En fait, ils se blessent eux-mêmes car ils courent après quelque chose qui ne correspond pas à leur vraie dignité. Les chrétiens des origines ont expérimenté combien la gloire avait d'importance dans leur milieu. Ils ont démasqué ce comportement fait d'apparence, parce qu'ils avaient pressenti une autre réalité. L'exhortation à vivre en ce monde avec sobriété, dans la justice et la piété n'est donc pas une invitation ascétique à renoncer à tout et à vivre dans la simplicité. Elle correspond plutôt à l'expérience faite par eux de leur véritable identité, de leur dignité divine et cette expérience les libère de la pression de se laisser aller à la dérive du monde ancien.

Beaucoup aujourd'hui considèrent les paroles de la Bible comme un obstacle à la vie ; en réalité, elles la garantissent. Elles veulent nous apprendre à vivre d'une façon juste et droite, accordée à notre propre nature, conforme à notre être véritable. Dans l'accompagnement spirituel que je suis appelé à faire, j'éprouve toujours une certaine souffrance quand je dois constater que des religieux ou des religieuses se sont efforcés durant toute leur vie de remplir leurs devoirs religieux sans jamais avoir été mis en contact avec leur vérité intérieure. Même dans l'accomplissement de leur vie religieuse, ils n'ont pas échappé à l'illusion de devoir faire belle figure devant Dieu. L'accomplissement de leurs devoirs religieux était encore une façon pour eux de jouir de la considération et du respect des autres, de leurs supérieurs ou de leurs confrères ou consoeurs. Un parcours spirituel de ce style ne conduit pas vers de larges horizons ou vers la liberté mais à la désillusion et à l'amertume. Certains reconnaissent à l'âge de 60 ans qu'ils ont été trompés sur leur vie, qu'ils se sont eux-mêmes trompés. Ils n'ont pas vécu « de façon juste et droite » mais ont seulement cherché à plaire aux autres et à répondre à leurs attentes, à exécuter les commandements au lieu de se réaliser eux-mêmes. C'est ainsi qu'ils se sont profondément blessés.

Piété

Il est intéressant de constater que pour la psychologie transpersonnelle le troisième concept, celui de « piété », fait aussi partie de la vie libre et consciente. Bugental, après avoir parlé de l'art de vivre d'une façon consciente et du fait de n'être plus contraint d'avoir à chercher à l'extérieur la confiance et la satisfaction parce que nous avons pris conscience de notre patrie intérieure, écrit : « Il y a un mot qui, je crois, attire l'attention sur notre indescriptible subjectivité, sur les potentialités inimaginables qui sont en chacun de nous, sur notre aspiration à plus de vérité et de vitalité, sur notre vive sensibilité face à la tragédie de la condition humaine, sur la dignité de notre être qui est sujette à des attaques sans fin et qui pourtant n'en est pas détruite, sur la sensation de merveilleux qui nous envahit toujours quand nous vivons de façon consciente et sur notre volonté de nous informer sur cette merveille qu'est l'essence de la condition humaine et ce mot est : Dieu. Notre idée de Dieu découle de notre intuition la plus profonde, de ce qui en définitive se trouve aux profondeurs de nous-mêmes » (218). La relation à Dieu nous met en contact avec notre source intérieure à laquelle nous pouvons sans cesse puiser parce qu'elle ne tarit jamais. Cette relation fait vraiment de nous des vivants. Elle nous fait don de ce que l'évangile de Jean appelle « vie éternelle », vie véritable, plénitude de vie. Si nous avons notre fondement en Dieu, si nous vivons « avec piété », c'est-à-dire dans la « crainte de Dieu », nous découvririons l'ampleur de la tragédie humaine qui vient d'un manque de vie en plénitude, d'une course aux illusions, d'un mal continuel fait à soi-même, parce qu'on ne vit pas soi-même de manière juste. La relation à Dieu nous gratifie d'un sens du merveilleux dans lequel nous vivons. Nous vivons en Dieu et de Dieu. C'est notre plus grande dignité. Cela nous libère du pouvoir du monde et nous permet de découvrir le secret de notre condition humaine.

Le mot grec *eusebes*, pieux, vient de *sebomai*, qui signifie se plier devant, faire preuve d'une peur révérencielle devant les ordres de Dieu, adorer Dieu. Platon entend par *eusebes* l'attitude respectueuse en face des dieux et des ordres qu'ils donnent (Foerster 176). Dans ce mot, nous trouvons l'authentique sentiment grec de crainte en face de la majesté et de la grandeur de Dieu et en face de tout ce qui touche au divin (*ibid* 177). Alors que Paul évite l'emploi du mot *eusebeia*, il décrit dans ses lettres pastorales le juste comportement de l'homme en face de Dieu comme étant une conduite de vie qui tient compte de Dieu en chaque chose. On peut exercer la piété comme vertu. C'est l'art d'une vie saine, se conformant aux commandements de Dieu, se déroulant conformément à sa propre nature dans la crainte de Dieu créateur. Dans cette attitude de piété (eusebeia) devient visible quelque chose que la psychologie transpersonnelle nomme conscience, la connaissance de

Dieu comme véritable réalité, la vie à partir de la patrie intérieure, du fond de l'âme selon l'expression que Tauler donne de la patrie intérieure, à partir du fondement divin de notre âme. Finalement c'est ainsi que la Lettre à Tite conçoit le chemin mystique. Ce chemin est aussi un chemin de liberté face aux illusions et aux modèles de comportement qui nous détruisent.

Participation à la nature divine (2 Pierre 1, 4)

L'énoncé de la Seconde Lettre de Pierre est plus proche encore de ce que la psychologie transpersonnelle appelle vie pleinement consciente. C'est une affirmation sur laquelle trébuchent beaucoup d'exégètes qui la considèrent comme non chrétienne, mais encore grecque. Elle représente une tentative de transmettre le message chrétien aux milieux imprégnés de la philosophie grecque et de la culture hellénique : « Sa divine puissance nous a donné tout ce qui concerne la vie et la piété : elle nous a fait connaître Celui qui nous a appelés par sa propre gloire et vertu. Par elles, les précieuses, les plus grandes promesses nous ont été données, afin que vous deveniez ainsi participants de la divine nature, vous étant arrachés à la corruption qui est dans le monde. Pour cette même raison, apportez encore tout votre zèle à joindre à votre foi la vertu, à la vertu la connaissance, à la connaissance la tempérance, à la tempérance la constance, à la constance la piété, à la piété l'amour fraternel, à l'amour fraternel la charité. En effet, si ces choses vous appartiennent et qu'elles abondent, elles ne vous laisseront pas sans activité, ni sans fruit pour la connaissance de notre Seigneur Jésus-Christ. » (2 Pierre 1, 3-8).

Ici la rédemption par Jésus-Christ est décrite dans le langage des cultes à mystères et de la gnose comme un don de Dieu, qui en Jésus-Christ nous gratifie de la nature divine. Pour les Grecs, il était familier de penser que l'être humain avait des liens de parenté avec Dieu. L'auteur de la Seconde Lettre de Pierre nous déclare également que nous avons part à la façon d'être de Dieu et à sa nature, uniquement grâce au don du Christ (cf. Grundmann 70). Les Pères grecs de l'Église ont répété avec insistance que nous-mêmes, à travers l'incarnation de Jésus-Christ, avons été divinisés. La divinisation de l'homme par Jésus-Christ est bonne pour nous. Elle nous gratifie de la vraie vie (*zoe*) et de la piété (*eusebia*), nous fait trouver la juste attitude par rapport à Dieu et au monde, nous établit dans une crainte révérencielle face au mystère de Dieu rencontré dans toute la création. Avec la nature divine, il nous a aussi été donné de participer à la seigneurie de Jésus-Christ et d'avoir part à sa force, une force qui nous permet d'échapper à la corruption entrée dans le monde avec la concupiscence. Beaucoup donnent à ce mot un sens moralisant.

Ma rencontre avec la psychologie transpersonnelle m'a appris à comprendre de telles déclarations comme des chemins menant à la liberté. Celui qui vit consciemment, qui est en contact avec sa patrie intérieure, au lieu où Dieu lui-même habite en lui, celui qui est conscient de sa nature divine est arraché à la corruption (*phthora*), à la vanité, à l'insuccès, au vide, à l'absurdité, à l'érosion et à la dégradation de la vraie vie. Il ne va plus être mené par l'avidité, il n'aura plus besoin de posséder tout ce qu'il voit. Il ne va plus vouloir accéder à tout ce qui est possible. Il va pouvoir s'engager dans la vie que Dieu lui donne, sans scruter continuellement l'horizon et regarder ce que les autres possèdent. Il vit consciemment selon sa nature divine et ainsi vit-il réellement. Et parce qu'il est totalement présent, parce qu'il vit avec « des yeux non embués », il mène une vie intense et n'a besoin de rien de plus.

La liberté par rapport au pouvoir de l'avidité n'est pas le résultat d'une énorme ascèse, mais une nouvelle expérience de la vie divine. C'est aussi le point de vue de la psychologie transpersonnelle : « Les habitudes malsaines et les besoins apparemment contraignants perdent peu à peu de leur force quand on se rend compte que les expériences transpersonnelles procurent une satisfaction beaucoup plus profonde » (Fadiman 194). Maître Eckhart confirme les déclarations de la Seconde Lettre de Pierre sur la liberté par rapport à l'avidité : « L'âme ne se repose pas jusqu'à ce qu'elle ait ouvert un passage à travers tout ce qui n'est pas Dieu et jusqu'à ce qu'elle parvienne à la liberté. Libre est celui qui ne dépend de rien et qui ne s'attache à rien. L'âme pleinement libre est celle qui s'est élevée au-dessus de tout ce qui n'est pas Dieu et ne s'est attachée avec avidité ni à la créature, ni à elle-même » (Eckhart 158 f).

Parler de la nature divine dont nous sommes participants par l'intermédiaire du Christ ne signifie pas prendre ses distances par rapport au message biblique de la rédemption ; ce n'est pas non plus, comme le pense Käsemann, une « rechute du christianisme dans le dualisme helléniste » (Grundmann 77). C'est une façon de traduire le message biblique dans le langage mystique des cultes à mystères et de la gnose. La Seconde Lettre de Pierre est l'écrit le plus tardif du Nouveau Testament, rédigé probablement entre 120-125. Il ose un équilibre scabreux « entre d'un côté une tentative d'helléniser le message chrétien et de l'autre une vibrante protestation au nom d'une eschatologie apocalyptique contre une hellénisation radicale qui délayerait la substance chrétienne » (Vögtle 128). Sa théologie de la divinisation de l'humain a été reprise surtout par les Pères grecs à partir de Clément d'Alexandrie et Origène jusqu'à Anastase. La véritable rédemption, l'authentique libération de l'être humain consiste pour les Pères de l'Église grecque à avoir part à la force du Christ et à sa nature divine. En elle nous sommes soustraits à la fragilité et à l'altérabilité de notre nature mortelle. En elle nous avons part à la vraie vie qui ne peut être détruite, pas même par la mort. En elle nous sommes libérés de l'angoisse de la mort, qui autrement ronge et corrompt (*phtora*) la vie humaine.

Modalités d'expression de la nature divine en nous

Pour la Seconde Lettre de Pierre, nous avons reçu le don de participer à la vraie vie parce que nous avons été appelés par le Christ et que nous croyons à l'annonce des apôtres. Pierre voudrait nous faire comprendre que cela vaut la peine d'être chrétiens, de se fier au message qui nous a été consigné dans l'Ecriture. C'est alors que nous vivrons vraiment, conformément à notre nature divine. Mais cette nouveauté de vie a besoin de s'exprimer de façon concrète. C'est pourquoi l'auteur énumère toute une série de vertus que devrait mettre en oeuvre avec force celui qui, par une immense grâce de Dieu, en est devenu le bénéficiaire. Et alors brillera aux yeux du monde la nature divine des chrétiens comme « une lampe dans un lieu obscur, jusqu'à ce que le jour commence à poindre et que l'astre du matin se lève dans vos coeurs » (2 Pierre 1,19). Se déploie ici une chaîne à huit anneaux, dont le premier est la foi et le dernier l'amour. Des chaînes de ce genre étaient appréciées des auteurs grecs (cf. Vögtle 149). Le chrétien a à accomplir ici un devoir très honorable : parce qu'il participe à la nature divine, il peut traduire dans la réalité toutes les vertus si chères au monde grec.

La chaîne des vertus commence avec la foi. C'est le fondement sur lequel le chrétien construit sa vie. De la foi vient la vertu d'audace, de force. Celui qui a la foi peut vivre autrement avec une conscience plus grande et une énergie nouvelle. Il ne vit pas de ce qui vient de lui, mais de ce qui jaillit de la source divine et qui ne tarit pas. Il ne manquera pas de force. De la vertu de force découle la connaissance, la gnose. La gnose c'est ici la capacité de discerner entre le bien et le mal, c'est voir la réalité de façon juste, la voir comme Dieu l'a créée et pensée. La gnose est la vision juste, libérée des fausses représentations (*dogmata*) dont parle Épictète. La gnose, la connaissance, l'illumination était ardemment désirée hier comme aujourd'hui. La vie mystique était alors un chemin qui conduisait à la vraie connaissance des choses. De la connaissance dérive la tempérance (*egkrateia*). L'être humain est maître de lui-même et n'est pas conditionné par ses instincts. Il organise sa vie seul et n'est mené ni par d'autres personnes, ni par d'autres forces. *Egkrateia* peut signifier aussi abstinence. Celui qui est maître de lui-même peut librement décider ce qu'il accepte et ce qu'il refuse. Il n'est pas obligé de tout avoir ; il peut aussi renoncer. L'abstinence n'implique pas une ascèse pénible, mais suppose la liberté de décision, requiert de la patience (*hypomone*), de l'endurance, de la ténacité et de la constance. Elle doit se protéger de toutes les tentatives de persuasion qui viennent de l'extérieur et qui entraînent l'être humain à faire quelque chose qu'au fond de lui-même il réprouve. *Hypomone* signifie littéralement rester en dessous, supporter, dire oui à ce qui est, ne pas s'élever au-dessus de la réalité, mais demeurer en dessous d'elle, c'est-à-dire l'accepter telle qu'elle se présente, croire qu'elle est ce que Dieu en attend.

La persévérance et la ténacité donnent naissance à la crainte de Dieu, à la piété, au respect devant les ordres de Dieu. L'homme pieux, autrement dit celui qui craint Dieu, a, en dernière analyse, sa demeure en Dieu. Il construit sa maison sur le roc et non sur le sable de l'avidité et des désirs qui éloignent l'être humain de son intériorité. *Eusebeia,* la piété ou la crainte de Dieu « est un savoir qui concerne Dieu et qui permet à l'homme de prendre au sérieux la volonté de Dieu, qui le lie à Dieu et qui l'établit dans la confiance en Dieu » (Grundmann 69). Il est intéressant de remarquer la façon dont la traduction des Septante rend le concept fondamental de la sagesse juive : « Le commencement de la Sagesse est la crainte de Dieu ». Elle emploie cette expression typiquement grecque : « La crainte révérencielle (*eusebeia*) devant Dieu est le commencement de l'expérience » (Grundmann 69). Celui qui sait quelque chose de Dieu et de son incompréhensible mystère et en a une estime respectueuse, commence à faire une profonde expérience du réel et de l'être. Il peut parvenir à cette connaissance à laquelle aspirent les mystiques de toutes les religions comme but de leur cheminement spirituel.

De la piété vient l'amour fraternel (*philadelphia*), l'amour qui s'adresse au frère, l'amour entre frères et soeurs. Celui qui a trouvé sa demeure en Dieu ne se renferme pas sur lui-même, mais est libre pour aimer son frère et sa soeur. Il s'engage dans le monde. Il développe en lui un esprit de responsabilité et une sensibilité aux besoins de son prochain. De cela vient l'amour, l'*agape,* qui s'adresse à tout, à Dieu, à l'humanité et à l'ensemble de la création. L'amour est le fruit de la foi et le signe d'une nouvelle qualité de vie. Il se répand dans l'homme, le remplit d'un goût nouveau et jaillit de lui pour inonder tout ce qu'il rencontre.

L'amour est le dernier des huit anneaux de la chaîne. Huit est le chiffre de la perfection et de l'intégralité, de l'éternité. Dans le chiffre huit apparaissent l'infini, l'éternel, le divin. C'est la raison pour laquelle les fontaines baptismales sont toujours octogonales. Dans le baptême nous sommes remplis de la vie divine. Ainsi la chaîne aux huit anneaux est-elle une description de la nature divine, dont nous sommes devenus participants à travers Jésus-Christ. Elle décrit la vie qui a été envahie de la présence salvifique et libératrice de Dieu et est devenue divine.

Fécondité et vitalité

La vie de celui qui, en fidélité à sa nature divine, tient compte de ces huit aspects ne reste pas sans fruit. Elle porte des fleurs en toute saison et nous permet de reconnaître toujours plus profondément Jésus-Christ comme notre Seigneur. La fécondité est un aspect essentiel de la vie. La vie humaine, elle aussi, voudrait croître et porter du fruit ; les huit aspects, qui sont conformes à notre nature divine, la font refleurir. « Celui qui ne les possède pas est un aveugle et un myope » (2 Pierre 1, 9). Il ne voit pas la réalité telle qu'elle est. Il s'en fait de fausses représentations. Il vit en quelque façon d'illusions. Il est intéressant de voir comment la seconde Lettre de Pierre présente la rédemption opérée par Jésus-Christ et la vie du chrétien. La rédemption tient dans le fait que le Christ, de par sa force divine, nous a donné tout ce qui est bon pour nous, ce qui nous conduit vers la vie et nous amène à une attitude de vénération et de piété, ce qui nous entraîne à nous référer constamment à Dieu dans toutes nos entreprises. Et la vie spirituelle, qui s'exprime à travers les huit attitudes et comportements, a pour but de nous faire porter du fruit. La vitalité, la fécondité et la vie conçue à partir de son fondement divin sont donc les critères à retenir pour une spiritualité chrétienne féconde.

Dans l'accompagnement des personnes je fais souvent l'expérience d'autres formes de vie spirituelle. Une religieuse était fidèle à tous ses temps de prière et récitait quotidiennement son rosaire. Mais ceci ne lui procurait pas la vie. Elle avait de nombreuses pratiques de piété, mais n'était pas pieuse pour autant ; elle n'entrait pas vraiment en relation avec Dieu ; sa vie n'avait pas de fondement spirituel. Elle aurait voulu avoir une vie spirituelle et donnait des preuves de sa bonne volonté en posant une multitude d'actes religieux. Mais tout cela ne la transformait pas, ne la rendait pas vivante, ne lui faisait pas porter de fruit, car elle n'était pas vraiment centrée sur Dieu. Dans sa vie de piété, elle tournait sans cesse autour d'elle-même. Elle aurait voulu résoudre tous ses problèmes par la prière, mais elle ne se mettait pas devant sa vérité et ne l'offrait pas à Dieu dans la prière. Elle ne se laissait pas aller en Dieu, mais s'agrippait solidement à elle-même. Au lieu de rechercher la vitalité, elle désirait la sécurité ; au lieu d'essayer de porter du fruit, elle courait après le succès qu'elle pouvait ensuite arborer comme une performance ; au lieu d'une relation à Dieu (*eusebeia)* elle cherchait à être reconnue sur la base de ses actes religieux. Elle s'efforçait d'agir de façon juste et précisément pour cette raison, elle faisait tout de travers. Car dans cette tentative d'agir justement en tout, elle se laissait mener par la peur qu'il n'y ait au fond de tout cela quelque chose d'erroné et par le sentiment qu'elle-même n'aurait pas dû être ce qu'elle était. Alors ses pratiques religieuses étaient autant d'élans pour aller à l'encontre de sa peur de ne pas être telle qu'elle aurait dû être. Mais elle ne se laissait pas aller en Dieu, elle ne parvenait pas au fond d'elle-même, jusqu'aux profondeurs divines de son coeur. Elle ne réussissait pas à croire que, par le Christ, elle était devenue participante de la nature divine.

Abraham Maslow fait une distinction entre la motivation provoquée par un manque et celle qui a pour objectif la croissance. Ceci est valable aussi bien pour les différents types de thérapie que pour la vie spirituelle. La religieuse, qui veut faire tout de façon juste, est motivée par un manque de la même façon que celui qui cherche à se libérer de ses conditionnements névrotiques et de la peur de ses pulsions instinctives. Il arrive souvent que des chrétiens qui commencent un cheminement spirituel soient ainsi motivés par un manque. Ils prient pour obtenir de Dieu une plus grande assurance, pour qu'il les libère de leur angoisse, qu'il fasse disparaître leur dépression. Ils peuvent aussi utiliser la vie spirituelle pour fuir la vitalité. Ils désireraient sécurité et soutien. Ils luttent contre leur peur en face de la vie en s'agrippant à des formes de vie spirituelle. La vie spirituelle, comme la comprend la Seconde Lettre de Pierre, doit au contraire aider à grandir. Elle doit faire fleurir notre vie. Quand nous faisons l'expérience d'une plus grande vitalité, il faut y voir une trace de Dieu dans notre vie. C'est cette trace qu'il convient de suivre et non celles qui vont nous conduire tout simplement à refuser la vie et la vérité.

La thérapie de la psychologie transpersonnelle a pour point de départ une motivation de croissance. Elle s'intéresse au développement de l'individu, à son émancipation, à sa transcendance. Ces trois valeurs ont quelque chose à voir avec un surcroît d'être... Elles nous font progresser vers une plénitude de vie et découvrir la richesse de sens que peut avoir celle-ci, aspects dont nous n'avions aucune connaissance auparavant » (Bugental 212). La vie spirituelle dont parle la Seconde Lettre de Pierre a comme objectif la croissance de la vie humaine. Elle voudrait nous conduire à une plus grande conscience et à la liberté intérieure. La psychologie transpersonnelle poursuit le même but : « Le stade final de la psychologie transpersonnelle crée un état, qui dans diverses traditions, est connu comme assurance, libération, illumination ou gnose » (Fadiman 200). Si nous interprétons en un sens transpersonnel et mystique l'affirmation selon laquelle nous participons à la nature divine, nous serons conduits par la Seconde Lettre de Pierre à un niveau correspondant à celui de la mystique de l'unité rencontrée chez Maître Eckhart ou à celui du Zen.

Il s'agit de faire l'expérience de Dieu comme étant celui qui est le fondement de tout l'être. Dieu est la raison dernière des choses. Tout participe à la nature divine. Le chrétien en devient conscient de par la connaissance (gnose) du Christ. Il ne s'agit pas seulement d'une intimité de l'homme avec Dieu, mais de la prise de conscience que la nature divine est la réalité essentielle présente à la base de tout être. Le chrétien qui est participant de la nature divine reconnaît aussi que Dieu est la raison de tout être. Il reconnaît aussi dans le monde, sans « aveuglement et myopie » (2 Pierre 1,9), non plus seulement ce qui est périssable, fragile et éphémère mais ce qui a un fondement divin. Et à partir de là, il va fréquenter le monde d'une autre façon. C'est le sommet de la mystique telle que la décrit Maître Eckhart. Pour lui, le troisième degré de l'expérience de Dieu consiste à être plongé « dans la profondeur incommensurable de Dieu, dans l'essence divine » « là où les personnes rencontrent la pure nature et y demeurent : ici elles ne trouvent que l'amour de Dieu, elles atteignent les profondeurs où se trouve l'être pur. Elles ont franchi collines et montagnes et se sont envolées, emportées par leur désir et leur savoir, jusqu'au rivage du vrai soleil. Là n'apparaît rien d'autre que la clarté de Dieu. En elles se trouve dès maintenant le principe de la vie éternelle.

D'une personne parvenue à un tel niveau, on peut très bien dire qu'elle est Dieu et homme, car elle a atteint par grâce tout ce que le Christ était par nature. Le corps lui-même a été pénétré de la noble essence de l'âme qu'il avait reçue de Dieu et de la lumière divine, tant et si bien que l'on peut réellement dire : c'est un homme divin » (Karrer 133f). À la lumière de la mystique d'Eckhart, j'ai interprété de façon nouvelle le texte de la Seconde Lettre de Pierre. Dieu fait de celui qui s'abandonne complètement à lui un être nouveau au comportement original. Celui-ci voit tout à travers Dieu ; il est totalement immergé dans la nature divine dont il a été rendu participant par l'intermédiaire de Jésus-Christ.

Blessure infligée à soi-même et relation à Dieu

Quel est le lien entre les énoncés de la deuxième Lettre de Pierre et le thème de la blessure faite à soi-même et de la liberté intérieure ? Celui qui est continuellement centré sur ses propres problèmes se blesse lui-même. Celui qui se donne comme seul objectif la libération de ses angoisses aura l'attention continuellement fixée sur celles-ci. Celui qui veut tout contrôler perdra certainement le contrôle de sa vie. Celui qui veut en tout agir de façon juste finira par constater qu'il a tout fait de travers. Ce sont des principes de base de notre vie. Mais souvent nous ne les prenons pas en compte. Nous sommes tellement habitués à nous abandonner aux schèmes de notre passé que nous les suivons aveuglément et qu'ainsi nous nous blessons nous-mêmes. Le but que nous nous proposons d'atteindre est trop rapproché. Nous désirons seulement un apaisement de nos anxiétés et nous ne dirigeons pas notre regard vers Dieu pour établir sur lui le véritable fondement de notre vie. Alors, dès que nous avons résolu un problème, il s'en présente aussitôt un autre, parce que la cause de nos angoisses se trouve dans notre conception erronée de la vie. Les bouddhistes voient dans l'attachement au monde la source de toutes les souffrances. La Seconde Lettre de Pierre en donne comme explication la convoitise pernicieuse qui règne dans le monde (2 Pierre 1, 4).

Aussi longtemps que nous nous limiterons à vouloir répondre à nos désirs et à apporter des changements dans des situations malheureuses, nous ne ferons que nous blesser nous-mêmes. Il s'agit beaucoup plus de mettre à jour les raisons de nos difficultés, de nous libérer des schèmes de notre passé et de découvrir la foi comme l'unique chemin qui mène à la vie. Avoir la foi, tel que l'entend la Seconde Lettre de Pierre, c'est reconnaître que nous avons obtenu par le Christ participation à la vie divine, que Dieu est devenu le seul fondement de notre vie, que tout notre être est envahi par Dieu. Si nous prenons cela au sérieux, si nous en sommes convaincus et nous nous établissons dans cette expérience, nous deviendrons alors vraiment libres, nous arrêterons de nous faire continuellement du mal et nous cesserons de pleurer comme un bambin quand on ne nous donnera pas ce que nous désirons. Voilà ce qu'est l'expérience des réalisations de Dieu en nous par Jésus-Christ, voici les prémisses d'une vie véritablement libre, dans laquelle est interrompu le processus d'auto-destruction. La nature divine s'étant frayé en nous un passage, nous vivrons d'une façon conforme à notre véritable essence.

Pascal Bruckner a décrit comment les hommes de notre temps qui ont perdu contact avec Dieu en ont cherché un ersatz, comment ils ont remplacé le vide et la froideur du rationalisme par une nouvelle séduction du monde. C'est ainsi qu'ils ont offert une profusion de biens qui donnent l'impression d'une plénitude absolue. « La consommation est un produit religieux dérivé, la foi en une résurrection des choses à l'infini, dont l'église est le supermarché et l'évangile la publicité » (Bruckner 57). La promesse que tous nos désirs peuvent être satisfaits remplace nos plus profondes aspirations vers les choses de Dieu. Celui qui est devenu participant de la nature divine n'a pas besoin d'un tel ersatz de religion de consommation, dans laquelle nous nous blessons sans cesse, parce que nous nous affairons en vain.

Une autre raison pour laquelle nous nous blessons nous-mêmes vient du fait que nous considérons par principe bien des choses qui se trouvent en nous comme mauvaises, corruptibles et impures, comme obstacles sur notre chemin. Si nous interprétons dans un sens mystique ce qui est dit de la nature divine, ainsi que les Pères de l'Église grecs l'ont en gros comprise (en commençant par Plotin), tout est fondamentalement bon. Le monde en lui-même n'est pas mauvais ; il l'est seulement s'il y règne la concupiscence, si nous regardons tout à partir de notre Ego. En principe tout est bon parce que tout vient de Dieu et émane de lui. Chaque réalité finie participe à Dieu. Nous ne pouvons donc pas trouver Dieu en dehors du monde mais seulement en lui et à travers lui. C'est ce que Maître Eckhart a toujours souligné : « Celui dont la vie intérieure se déroule comme il faut se trouve à l'aise partout et avec tous. Au contraire, celui qui n'est pas intérieurement à l'aise ne se trouve bien nulle part ni avec personne. Mais est à son aise intérieurement celui en qui Dieu habite en vérité : il le rencontre en tous lieux, le trouve sur sa route, chez tous ceux qu'il croise aussi bien que dans une église, dans le désert ou dans une cellule et tout ce qu'il entreprend n'est pas tant son oeuvre que l'oeuvre de Dieu en lui » (Eckhart 182).

Étant devenus par le Christ participants de la nature divine, tout en nous en est imprégné. Nous ne devons donc pas mettre à l'écart certains domaines comme s'ils étaient mauvais, par exemple la sexualité ou l'agressivité. Parce que des chrétiens ont considéré comme des contraires absolument inconciliables Dieu et le monde, la nature humaine et la nature divine, ils se sont souvent abîmés eux-mêmes en pratiquant un ascétisme insensé et se sont ainsi profondément blessés. L'accompagnement spirituel me met sans cesse en relation avec des religieux ou religieuses qui se blessent eux-mêmes parce que justement, des deux sources originelles des forces de l'homme, la sexualité et l'agressivité, ils ont fait des démons qu'ils tentent d'étouffer. La deuxième Lettre de Pierre nous dit : « Sa puissance (*dynamis* : force, énergie, vigueur, vertu médicinale, vitalité) nous a gratifié de tout ce qui est bon pour la vie et la piété » (2 Pierre 1, 3). La puissance divine nous a aussi fait don de l'énergie (*dynamis*) de l'agressivité et de la sexualité, comme des forces qui pour notre vie et notre piété sont bonnes (ou nécessaires, voir Vögtle 137). Il ne s'agit donc pas de nous en amputer mais d'en user humainement, de les intégrer dans notre conception de la vie. Prenons le cas d'un prêtre qui avait peur de laisser apparaître son agressivité, parce que son père lui-même colérique l'avait combattue en lui infligeant des coups. Il s'était donc adapté à la situation tout simplement pour ne pas subir de telles violences corporelles et n'être plus rejeté. Mais l'étouffement de son agressivité l'avait rendu dépressif. Il ne s'agit pas de laisser notre agressivité se défouler sur les autres sans contrôle mais de la prendre en considération et de lui permettre de s'exprimer de façon adéquate.

Quand ce prêtre, suite à une thérapie, a appris à considérer positivement son agressivité et à la laisser s'exprimer peu à peu, sa tendance à la dépression a régressé et a pris place en lui une énergie créatrice qui s'extériorise maintenant. Il se découvre tout d'un coup une envie de peindre, de créer quelque chose, d'oser, de réaliser du neuf. Il a pris conscience de s'être longtemps blessé lui-même simplement parce qu'il avait cherché Dieu en dehors de son agressivité et qu'il avait considéré celle-ci non comme une force divine mais comme une puissance nuisible et démoniaque qu'il fallait réprimer.

C'est la même chose pour la sexualité. Combien de personnes consacrées et de prêtres se font du mal parce qu'ils considèrent que la sexualité ne devrait pas exister et que c'est quelque chose de mauvais en soi. Ils emploient toutes leurs forces pour la réprimer. C'est d'ailleurs un problème qui n'est pas spécifique aux prêtres et aux personnes consacrées, mais qui concerne beaucoup de chrétiens et même de nombreuses personnes en dehors du christianisme. Il existe apparemment une peur largement diffuse face à la sexualité et qui conduit à la réprimer. Ici encore, il ne s'agit pas de la vivre de façon incontrôlée. Si elle surgit « d'un désir de concupiscence, d'un désir qui provoque corruption et convoitise » (2 Pierre 1, 4), elle ne conduit pas à la vie, mais au chaos. C'est là qu'elle entraîne de nombreux drames relationnels et occasionne de nombreuses blessures telles que abus et violences. Le devoir des chrétiens est aussi de découvrir la nature divine dans la sexualité. Ceci conduit à en avoir une vision plus positive et à se situer par rapport à elle de façon consciente et convenable.

Celui qui dépense toutes ses énergies pour la réprimer et la refuser se fait mal. Il fait souvent l'expérience de ne pas réussir à la réprimer complètement. Celle-ci l'assaille alors dans des moments de dépression ou de tension et elle s'exprime sous forme d'auto-érotisme ou, parfois, de comportement incontrôlé vis-à-vis de mineurs. Ces personnes se font encore plus souffrir. Elles s'enlisent continuellement dans une vie sexuelle qu'elles veulent en fait réprimer. Celui qui au contraire assume paisiblement sa sexualité trouve en celle-ci le goût de vivre, éprouve de la joie dans sa vie corporelle, est capable dans tous les sens du terme de jouir de la nature, de goûter Dieu en elle et connaît une spiritualité vivante et créatrice

Bien sûr, même ce chemin est parsemé d'obstacles. La sexualité est une force qui ne se laisse pas canaliser aussi facilement que nous le voudrions. Mais il est important que nous la considérions comme une énergie que Dieu nous a donnée en cadeau, comme une force bonne et nécessaire pour notre vie (*zoe* = vivacité, plénitude de vie. 2 Pierre 1,3) et pour notre spiritualité (*eusebeia* = relation à Dieu). Nous trouverons alors des chemins qui nous amèneront à l'intégrer dans notre conception de la vie. Le célibataire empruntera une voie différente de celle des personnes mariées. Mais ce qui est déterminant c'est de considérer la sexualité comme une force qui vient de Dieu et qui peut aussi nous conduire à lui.

Je suis toujours effrayé de constater toute la souffrance qui provient d'une sexualité refoulée et réprimée, de voir tout le mal que se font les personnes parce qu'elles interprètent le message biblique non pas dans un sens mystique mais qu'elles le reçoivent plutôt comme une parole moralisante. Cela vient de ce qu'elles séparent totalement Dieu et le monde et qu'elles voudraient parvenir à Dieu en évitant le monde ; elles ne considèrent pas leur spiritualité comme chemin de vie mais comme une stratégie de contour pour éviter les difficultés inhérentes à la vie d'un homme.

Conclusion

Maturation personnelle à travers les blessures

Je voudrais conclure ces réflexions sur les blessures faites à soi-même et sur le chemin biblique et mystique de la liberté par une histoire que l'on trouve dans le Talmud et que raconte Henry Nouwen : « Le rabbin José Ben Levi rencontra le prophète Élie qui attendait à l'entrée de la grotte du rabbin Siman. Il demanda à Élie : « Sais-tu quand va venir le Messie ? » Élie lui répondit : « Va le lui demander toi-même ! - Où est-il ? - Il est assis à la porte de la ville. - Comment puis-je le reconnaître ? - Il est au milieu des pauvres, couvert de plaies. Les pauvres enlèvent tous les pansements qui recouvrent leurs plaies et les y remettent ensuite. Lui, au contraire, n'enlève toujours qu'une seule bande et la replace aussitôt, en se disant : « Peut-être y a-t-il quelqu'un qui a besoin de moi. Alors, je dois être toujours prêt et je n'ai pas le droit de le faire attendre une minute » (Nouwen 1191).

Dans la vie, que nous le voulions ou non, nous aurons toujours à souffrir. La souffrance fait fondamentalement partie de l'existence. En tout cas, c'est ce que nous a laissé entendre la Première Lettre de Pierre. Toute la question est de savoir le rapport que nous entretenons avec la souffrance qui nous arrive de l'extérieur. La rendons-nous plus aiguë en nous faisant souffrir nous-mêmes ou bien soignons-nous les souffrances qui ébranlent notre vie et sommes-nous disposés à guérir celles des autres ? Tous ceux qui sont assis à la porte de la ville sont des blessés. La différence entre les innombrables blessés et le Messie tient au fait que les uns ôtent d'un seul coup les pansements qui recouvrent leurs plaies alors que le Messie en soigne toujours une seule à la fois afin de pouvoir se lever lorsqu'on a besoin de lui. Les uns tournicotent sans cesse autour de leurs plaies, les mettent tout simplement à nu pour ensuite lentement les soigner. Ils sont uniquement préoccupés d'eux-mêmes et de leurs blessures. Le Messie, lui, ôte le pansement d'une seule plaie. Il sait qu'il y a beaucoup de blessés qui l'attendent. Il peut à tout moment laisser de côté sa blessure, se lever et aller aider les autres. Il est capable de prendre des distances par rapport à sa blessure qui devient alors une source de guérison pour ceux qui l'appellent à l'aide.

La thèse de saint Jean Chrysostome, selon laquelle personne ne peut nous blesser si nous ne nous blessons pas nous-mêmes, ne perd pas de sa force quand elle est confrontée à cette petite histoire du Talmud. En effet, cette thèse ne prétend pas que la vie ne comporte pas de blessures ; elle nous enseigne plutôt que les blessures ne peuvent pas nous causer de dommages si nous ne nous blessons pas nous-mêmes. Tout dépend de la façon dont nous nous comportons face à elles. Si nous nous en faisons une fausse opinion, alors nous nous blessons nous-mêmes. Ces idées qui nous blessent peuvent, par exemple, être de ce genre : « Les blessures ne devraient même pas exister. Si nous sommes blessés, nous devrions pouvoir guérir au plus vite et ne plus les ressentir. Ces blessures m'empêchent de vivre. Aussi longtemps que j'aurai à souffrir, je ne pourrai m'occuper que de moi ». Chrysostome ne cherche pas à minimiser la souffrance qui peut nous atteindre. Il veut seulement nous inviter à avoir avec nos blessures une relation constructive et à les transformer en sources de guérison. Nous aurons un rapport de créativité avec nos blessures si nous nous réconcilions avec elles et si nous prenons en considération le fait qu'elles nous accompagneront toute notre vie. Si nous les acceptons, elles ne nous paralyseront plus. Nous ne nous lamenterons plus d'avoir été blessés. Nous ne laisserons plus ces blessures nous empêcher de nous lever si quelqu'un nous appelle parce qu'il a besoin de notre aide. Elles nous rendront plus sensibles aux personnes qui nous entourent. Si, comme le Messie, nous traitons nos blessures avec soin et vigilance, nous deviendrons alors capables de panser les plaies des autres et de les guérir. Nous ne nous lamenterons pas réciproquement de ce que la vie soit si pénible mais, en hommes blessés, nous nous lèverons si on a besoin de nous. Nous nous lèverons pour la vie, nous nous lèverons pour les hommes. De blessés, nous deviendrons médecins et pères spirituels. Nous cesserons de nous faire du mal et nous trouverons dans la foi une voie qui rendra nos blessures fécondes. Selon l'expression d'Hildegard de Bingen, nos blessures se changeront en perles. Nous continuerons à les porter, mais comme un précieux trésor qui nous mettra en contact avec notre être véritable, avec notre nature divine, comme dit la Seconde Lettre de Pierre. Conscients de notre nature divine, conscients de l'espace intérieur qui se trouve sous nos blessures, là où personne ne peut nous blesser, nous deviendrons libres par rapport à tout modèle d'auto-destruction. Si nous nous comportons avec cette liberté par rapport à nos blessures, nous deviendrons, selon l'expression de Chrysostome, plus mûrs et plus vigilants. La souffrance ne nous détruira plus et ne nous blessera plus. Elle nous appartiendra comme quelque chose de précieux, qui nous fait participer aux souffrances du Christ, nous fait devenir un avec Jésus-Christ, en qui nos souffrances deviennent sources de vie. Dans l'amour du Christ, nos souffrances deviendront une porte à travers laquelle entrera dans le monde l'amour salvifique et libérateur de Dieu.

Bibliographie

Berthold Altaner, *Patrologie,* Fribourg, 1960.

Dietrich Bonhoeffer, *Résistance et soumission,* Labor et Fides, 1973.

Norbert Brox, *Der erste Petrusbrief* (La Première Lettre de Pierre), Düsseldorf 1986.

Pascal Bruckner, *La tentation de l'innocence,* Grasset, 1995.

James Bugental, *Stufen therapeutischer Entwiklung* (Degrés du développement thérapeutique), in R.N. Walsh et F Vaughan, Psychologie in der Wende (Psychologie au tournant), München 1985, 212-220.

Alfred Delp, *Gesammelte Schriften* (Écrits), volume IV, Frankfurt 1984.

James Fadiman, *Der transpersonale Standpunkt* (Le point de vue transpersonel) in R.N. Walsh et F. Vaughan, Psychologie in der Wende (Psychologie au tournant), München 1985, 194-201.

Werner Foerster, Eusebes, in ThWNT Volume VII, 168-194.

Anselm Grün, *Wege sur Freiheit* (Chemins de liberté), Münsterschwarzach 1996.

Walter Grundmann, *Der zweite Bief des Petrus* (La Seconde Lettre de Pierre), Berlin 1986.

Jean Chrysostome, *Wer sich nicht selbst verletz, kann von niemandem verletz werden.* (Celui qui ne se blesse pas lui-même ne peut être blessé par personne d'autre), in P.G. 52, 459-480.

Karin Lorenz-Lindemann, *Versagtes Lebensrecht* (Le droit à la vie refusé), in : Abschiedlich leben, édité par V. Peter et Pflüger, Olten 1981, 199-215.

Ulrich Luck, sophron, in ThWNT volume VII, 1094-1102.

Meister Eckehart.*Das System seiner religiösen Lehre und Lebensweisheit.* (Le système de son enseignement religieux et de sa sagesse). Texte de Otto Karrer, München 1926.

Henry Nouwen, *Geheilt durch seine Wunden* (Guéri à travers ses blessures), Freiburg 1987.

Lorenz Oberlinner, *Die Pastoralbriefe* (La lettre pastorale) volume XI/2, Freiburg 1994.

Patrologia graeca (PG), Migne

Reallexikon für Antike und Christentum (Dictionnaire de l'Antiquité et de la chrétienté)

Heinrich Schlier, « Eine Adhortatio aus Rom. Die Botschaft des ersten Petrusbriefes » (Une exhortation de Rome. Le message de la Première Lettre de Pierre), in : *Das Ende der Zeit.* (La fin du temps), Freiburg 1971, 271-296.

Jorge Semprun, *L'écriture ou la vie,* Gallimard, 1995.

Michel Spanneur, *Epiktet,* in RAC, Stuggart 1962, 599-681.

David H. Stern, *Das jüdishe Neue Testament,* (Le Nouveau Testament juif), Stuggart 1994.

Anton Voegtle, *Der zweite Petrusbrief* (La Seconde Lettre de Pierre), Dusseldorf 1994.

Paul Watzlawick, *Wie wirklich ist die Wirklichkeit ?* Vahn-Taüschung - Verstehen (Comment est vraiment la réalité. Illusion. Tromperie. Compréhension) München 1976.

Paul Watzlawick, *Anleitung sum Unglücklichsein* (Guide de l'infortune), München 1985.

Ken Wilber, *Eros, Kosmos, Logos,* Frankfurt 1996.

Table des matières

Mise en page par Édimicro
29, rue Descartes - 75005 PARIS
Tél. : 01 43 25 35 77 & 36 77 - Télécopie : 01 43 25 37 65
e-mail : edimicro.dafal@wanadoo.fr

Achevé d'imprimer par Corlet, Imprimeur, S.A.
14110 Condé-sur-Noireau (France)
N° d'éditeur : 5489 - N° Fab : 5584 - N° d'Imprimeur : 57681 - Dépôt légal : mars 2002

Imprimé en France